EL DECÁLOGO PARA UN LÍDER

EL DECÁLOGO PARA UN LÍDER

CÓMO DIRIGIR DESDE CERO Y ALCANZAR EL ÉXITO

ROMUALDO HERNÁNDEZ

NOTA DEL EDITOR

En **Editorial Misión**, nos dedicamos a publicar obras que satisfacen los más altos estándares de calidad. Estamos complacidos de presentar este libro a nuestros lectores, resaltando que las historias, experiencias y opiniones expresadas son exclusivamente del autor. La editorial no se responsabiliza por las afirmaciones personales ni por el contenido provisto por el autor.

MISIÓN

Con mucho afecto y amor para mi hija
Mariana Hernández López.

ÍNDICE

PRÓLOGO

Hace algunos años, durante un evento en San Miguel de Allende, conocí a un hombre cuya pasión por el deporte y la comunidad era imposible de ignorar. Su entusiasmo al hablar de su trabajo, de los logros de su equipo y de los valores que lo guiaban dejaba claro que estaba frente a alguien especial. Ese hombre era Romualdo Hernández, un líder nato con la capacidad de inspirar a otros, no con discursos vacíos, sino con resultados tangibles y un compromiso inquebrantable por construir algo más grande que él mismo.

Este libro que tienes en tus manos, *El Decálogo para un Líder*, es el reflejo de esa pasión. Romualdo no es un teórico que habla desde la distancia, ni alguien que se conforma con observar desde la tribuna. Es un hombre que ha estado en el campo de batalla, enfrentando desafíos, tomando decisiones y logrando resultados en lugares donde otros solo vieron problemas. Sus experiencias no son historias de alguien que tuvo un camino fácil; son testimonios de trabajo arduo, de aprendizaje y de crecimiento al enfrentar cada obstáculo con determinación.

Aquí no encontrarás recetas mágicas ni consejos vacíos. Lo que Romualdo comparte son herramientas, estrategias y valores que ha utilizado para transformar no solo el deporte en Guanajuato, sino también las vidas de quienes lo rodean. En cada página, descubrirás cómo los principios que él vive pueden aplicarse en cualquier ámbito, ya sea empresarial, social o personal. Este libro no es solo para quienes buscan dirigir equipos o alcanzar metas profesionales; es para cualquiera que desee entender cómo convertirse en la mejor versión de sí mismo y, desde ahí, inspirar a otros.

Lo que más me impacta de Romualdo es que no solo habla de liderazgo, sino que lo vive. Cada lección aquí contenida es el resultado de años de experiencia, esfuerzo y compromiso. Es un poderoso recordatorio de que el verdadero liderazgo no se impone, se construye.

Este decálogo no solo es una guía; es una invitación a reflexionar sobre los valores que nos definen, sobre las decisiones que tomamos y sobre el impacto que queremos tener en el mundo.

Ahora, querido lector, te pregunto: ¿Estás listo para convertirte en el líder que siempre has soñado ser?

Porque este libro no solo te enseñará cómo hacerlo; te mostrará que el liderazgo no se trata de un puesto o un título, sino de cómo dejas una huella en los demás.

Te invito a descubrirlo.

LIBIA DENNISE GARCÍA MUÑOZ LEDO
Gobernadora de Guanajuato

INTRODUCCIÓN

En la actualidad, el liderazgo se enfrenta a desafíos como nunca antes. La rapidez de los cambios, las demandas de los equipos y la presión de obtener resultados rápidos exigen habilidades que van mucho más allá de dar órdenes. Ser líder no es solo dirigir; es guiar con el ejemplo, crear unidad y motivar desde el respeto y la confianza.

Sin embargo, muchos líderes sienten que algo les falta. Por más esfuerzo que dediquen, no logran conectar con su equipo o alcanzar el éxito que esperan. En lugar de un equipo comprometido, tienen empleados que solo cumplen, atletas que solo ejecutan o seguidores que carecen de inspiración. Aquí es donde este libro se convierte en un recurso fundamental.

¿Qué distingue a un verdadero líder de alguien que simplemente ocupa una posición de poder? ¿Por qué algunos inspiran respeto y lealtad, mientras otros solo consiguen obediencia superficial? En *El Decálogo Para Un Líder*, te comparto la fórmula que he perfeccionado a lo largo de mi vida. Un decálogo que no solo transforma la forma de liderar, sino que también eleva el impacto de quienes deciden aplicar estos principios. A diferencia de otros enfoques, este libro no se queda en la teoría; está construido sobre años de experiencia, prueba y resultados.

Mi trayectoria abarca desde la dirección de empresas y equipos deportivos hasta la creación de proyectos y el trabajo en sectores públicos. He guiado a empresarios, atletas y líderes de distintas áreas a alcanzar el éxito aplicando este decálogo. He visto, de primera mano, cómo estos valores son el punto de partida de un liderazgo que perdura y transforma.

Con este decálogo, vas a lograr que tu equipo no solo te respete, sino que también crea en ti y en el propósito que los une. Con cada capítulo, encontrarás una herramienta probada que podrás aplicar en situaciones reales. Aquí descubrirás cómo la disciplina, la empatía, la inclusión y la sabiduría se convierten en la base de una dirección firme y auténtica.

Imagínate liderando con confianza, creando un ambiente en el que tu equipo se sienta valorado y donde cada miembro esté dispuesto a dar lo mejor de sí. Este libro está diseñado para que tú, como líder, no solo mejores tus resultados, sino también inspires y transformes a cada persona en tu equipo.

La urgencia de mejorar en el liderazgo nunca ha sido tan importante. Si deseas guiar con excelencia y marcar la diferencia, no tienes tiempo que perder. Cada valor en este decálogo está diseñado para hacer de ti un líder completo, capaz de afrontar cualquier desafío y de conducir a tu equipo hacia el éxito.

Este libro te mostrará el camino, un paso a la vez. Si sigues la fórmula que te revelo aquí, te aseguro que verás un cambio profundo y duradero en tu liderazgo.

CAPÍTULO 1
MIS PRIMEROS PASOS HACIA EL ÉXITO

Mi padre tenía una fábrica de pisos en San Miguel de Allende, Guanajuato, México. Era un negocio próspero, con trabajadores que llegaban de diferentes municipios para maquilar los productos. Lo veía ofrecer a mis hermanos mayores la oportunidad de emprender un negocio similar al suyo. Siempre les decía: "¿Por qué no compran una máquina y comienzan a fabricar pisos para venderles a ingenieros y arquitectos? Aquí en el municipio, en el estado y hasta a nivel nacional tienen mercado".

Sin embargo, mis hermanos no mostraban interés en seguir ese camino. Esa falta de entusiasmo parecía frustrar a mi padre, pero yo observaba en silencio. Cuando tenía alrededor de 18 o 19 años, un día, mientras trabajaba con él, tomé valor y le dije: "Papá, ¿por qué no me vendes una máquina a mí?".

Su respuesta me sorprendió. Con cierta molestia acumulada por las negativas de mis hermanos, me contestó: "Mira, Romualdo, creo que ninguno de ustedes tiene el carácter que yo tuve. Ya se lo ofrecí a Francisco, a Miguel, a Guadalupe, y ninguno quiso tomar el reto. No creo que tengas lo necesario para lograr lo que yo hice".

Sus palabras me dejaron cabizbajo. Por un momento, me sentí derrotado. Pero dentro de mí, algo se encendió. Pensé: "Yo lo voy a lograr. Yo lo voy a hacer". En ese instante, me comprometí conmigo mismo a demostrarle que estaba equivocado. Programé mi mente en positivo, porque sabía que si alimentaba mi subconsciente con determinación, mi consciente lo procesaría y lo convertiría en acción.

Cuando era joven, tuve la fortuna de ser parte de los Pumas de la Universidad Nacional Autónoma de México. Todo comenzó en un campo de fútbol, donde un visor (detector de talentos) llamado Francisco Márquez me vio jugar. Recuerdo que estaba dando lo mejor de mí en cada jugada, corriendo tras el balón como si fuera lo único que importara en el mundo. Francisco se acercó después del partido y me invitó a unirme al equipo de los Pumas. ¡Imagínate mi emoción! Era como si de repente alguien encendiera un reflector sobre mi sueño de jugar fútbol profesional.

Estuve ahí de 1986 a 1987, formé parte de las reservas de los Pumas, un lugar donde aprendí muchísimo. Cada entrenamiento era un reto, y cada partido, una oportunidad de demostrar que merecía estar ahí. Fue en esos años que no solo afiné mis habilidades, sino que también conocí a personas que cambiarían mi vida, como Gonzalo Salazar, el hermano de Francisco. Gonzalo, viendo mi potencial, me invitó a un nuevo reto: jugar fútbol profesional en Dallas, Texas.

Allá, en Dallas, estuve casi dos años. Fue un periodo lleno de aprendizajes y pruebas. Jugué y entrené con dedicación, logrando generar ingresos significativos que me ayudaron a empezar a construir mis sueños. Pero lo más importante fue que esos años me formaron como persona. Aprendí a superar obstáculos, a mantenerme firme ante los retos y, sobre todo, a entender que con trabajo y determinación, los sueños pueden hacerse realidad.

La historia de un viaje que transformó mi vida

En aquella ocasión, la experiencia de llegar a Dallas, Texas, no fue sencilla. Como muchos, tuve que cruzar el río y caminar durante días enteros, enfrentando el miedo a ser atrapado por "La migra" y viviendo momentos de gran sufrimiento. Cruzar autopistas, ríos y cerros fue un desafío que dejó huella, pero también fortaleció mi determinación. Sin duda, fue una experiencia increíble.

Recuerdo cuando me hablaron para jugar fútbol en Dallas, mi amigo Francisco me llamó para darme todas las indicaciones necesarias. Me dijo: "Tomas el autobús a Querétaro, de ahí te vas a Piedras Negras. Cuando llegues a la central de autobuses en Piedras Negras, tomas un autobús urbano que te llevará a Jiménez, un pueblo cerca del río Bravo. Ahí cruzas el río y sigues el camino. Verás unas luces parpadeando a lo lejos; eso es Quinipa y Spofer. Cruza hacia el lado derecho de esas luces, no te vayas por el izquierdo, o te desviarás".

Con estas instrucciones tan claras, un compañero y yo tomamos el autobús a Querétaro y, desde allí, a Piedras Negras. Al llegar a la central de autobuses en Piedras Negras, recuerdo que nos acercamos al mostrador con una mezcla de nervios y curiosidad. Preguntamos al encargado por el próximo urbano a Jiménez, y nos dijo que salía en unas horas. Mientras esperábamos, intentamos relajarnos, pero nuestras mentes no dejaban de anticipar lo que vendría. Cuando finalmente subimos al urbano, la tarde comenzaba a caer. El viaje fue tranquilo, casi en silencio; cada uno estaba enfocado en sus pensamientos, como si nos preparáramos mentalmente para el desafío que nos esperaba.

Ya entrada la noche, llegamos a Jiménez. Bajamos con cuidado, observando el lugar y ajustándonos a la oscuridad. Ante nosotros se alzaba el imponente río Bravo. Nos miramos y, con una mezcla de respeto y temor, uno de nosotros dijo: "Esto está complicado, no es como nos la pintaron". Sin embargo, querido lector, la determinación siempre ha sido mi motor. En ese momento reafirmamos nuestra meta. Podía parecer difícil, pero no era imposible. El objetivo seguía claro y el ánimo, como siempre, intacto.

En el río, nos encontramos con dos hombres recostados en la orilla. Nos vieron y, por alguna razón, asumieron que yo era el líder. "¿Van a cruzar?", me preguntaron. "Sí, a eso venimos", respondí. Formamos un equipo improvisado, cargados con garrafones de agua, latas de atún y galletas en nuestras mochilas. Esperamos a que "La migra" se moviera y, en el momento preciso, cruzamos el río.

Avanzamos por un carrizal y comenzamos a subir una montaña. En la cima, justo como me había dicho Francisco, vi a lo lejos las luces rojas que parpadeaban. "Ahí están", les dije. "Tenemos que pasar por el lado derecho". Me respondieron: "Dale, Güero, te seguimos". Sin dudar, comencé a caminar rápido, tal como me habían indicado.

La jornada fue agotadora. Saltábamos cercas altísimas, caíamos, corríamos y seguíamos avanzando. Llegué a pensar: "¡Híjole, yo que ando haciendo aquí!". Caminamos durante ocho o nueve horas sin detenernos. Cuando nos sentábamos, el cansancio nos vencía por momentos, pero la mente estaba fija en llegar hasta el final. El objetivo era claro, y aunque el camino fue difícil, la esperanza y la comunicación efectiva nos mantuvieron unidos como equipo. Sabíamos que llegaríamos.

Recuerdo que llegamos a un pueblito llamado Quinipa. En ese lugar, llevaba el teléfono de mi amigo y, con el poco inglés que sabía de la prepa, me animé a pedir ayuda. Me acerqué a unas personas y les pregunté si podía hacer una llamada. "Sí, cómo no, pásale, nada más que no te vean", me respondieron. Así que entré con cuidado, marqué el número de un buen amigo y le expliqué dónde estábamos.

Mi amigo llegó hasta donde nos encontrábamos, pero no fue fácil. Estábamos escondidos en una parcela llena de elotes, bajo un aguacero tremendo, acostados en surcos completamente inundados. Cuando finalmente vi que venía un carro a lo lejos, noté que era el que había descrito: un auto café con un golpe en una de las calaveras traseras. Salí corriendo para detenerlo, pero no me vio y se pasó de largo. "En la torre", pensé, "ya nos quedamos". Afortunadamente, dio la vuelta, regresó y me recogió. "¡Súbete, vámonos!", dijo. Preguntó quién más venía conmigo. Le respondí que éramos otros tres. "No, ya no, va a amanecer, y «La migra» se va a poner difícil. Te llevaré a ti primero".

Me dejó en un área de picnic y regresó por los demás. Fue un ir y venir para reunirnos a todos, pero finalmente lo logró. Así llegamos a San Antonio y luego a Dallas, querido lector. Alcanzamos el objetivo, pero no sin enfrentar enormes desafíos y riesgos.

A lo largo del camino, sufrimos y aprendimos. Recuerdo que tuvimos que improvisar para comer: un día agarramos un borreguito y lo asamos con mucho cuidado para que no nos vieran. El agua que bebíamos era tan sucia que podíamos ver cosas moviéndose en ella, pero la tomábamos de todos modos. La comida era escasa, y a veces pedíamos algo en los ranchos cercanos.

En una ocasión, nos dispararon siete u ocho balazos. Fue un momento crítico, con un peligro real de morir. Nos escondimos detrás de un montículo de tierra mientras los disparos resonaban a nuestro alrededor. Uno de mis compañeros me dijo: "Sal y dile que no dispare". Yo le respondí: "¿Cómo crees? Si salgo, me tumba de un balazo". Arrastrándonos entre la tierra y el lodo, logramos escapar y meternos en un arroyo lleno de espinas. Aunque estábamos agotados y enlodados, logramos salvar nuestras vidas.

Ese momento reforzó en todos nosotros un profundo sentido de trabajo en equipo, solidaridad y lealtad. La comunicación entre nosotros fue clave para salir adelante. Valoramos cada esfuerzo, cada paso. Al final, nos encomendamos a Dios diciendo: "Que nos ponga donde haya, de lo demás nos encargamos nosotros".

Así fue como llegamos a Dallas, querido lector. Esta es la historia de cómo este servidor, Romualdo Hernández, cruzó como indocumentado por Piedras Negras, Jiménez y rumbo a Espofer y Brackettville. Fue una experiencia tremenda que marcó mi vida y me enseñó el valor del esfuerzo, la unidad y la fe.

Mi camino para honrar un legado

Una vez instalado en Dallas, trabajé duro, aproveché las oportunidades y comencé a ahorrar una cantidad considerable de dinero. Sin embargo, siempre supe que mi vida deportiva tenía un límite y que, tarde o temprano, tendría que buscar una alternativa para el futuro.

El tiempo pasó y mi padre comenzó a enfermar. Esa situación me hizo regresar a México. Con el dinero que había ahorrado, me encontraba en una posición económica cómoda, pero todavía tenía en mente las palabras de mi padre y su aparente falta de fe en mí. Poco después de mi regreso, mi padre, viendo una oportunidad, me dijo: "Romualdo, préstame dinero para comprar un transporte urbano. Están dando permisos en la presidencia, y sería una buena inversión".

Un día le dije a mi papá: "¿Sabes qué, papá? Ya encargué el material que fabricas: las máquinas, los moldes. Incluso tuve que viajar a Guadalajara para supervisar la fabricación, y ya me lo están construyendo". Él, sorprendido, me preguntó: "¿Pero para qué te metes en esto? Es un trabajo muy pesado".

Siempre tuve en mente demostrarle que podía lograrlo. Poco después, mi padre me dijo: "Te vendo mi fábrica, con todo: trabajadores, maquinaria, camioneta, moldes, todo". Sentí que era el momento de mostrarle que sí se podía hacer lo que él había hecho, así que acepté. Compré la fábrica, las máquinas y todo lo demás.

Le pedí que mis hermanos estuvieran presentes durante la compraventa para evitar malentendidos futuros. No quería que pensaran que me había regalado o heredado algo. Así que, frente a todos, concretamos la venta y me convertí en el nuevo dueño de la fábrica.

Comencé a trabajar de inmediato. Mi padre me envió a su clientela y, poco a poco, empecé a generar ingresos importantes. Las cosas iban bien, y mi pensamiento positivo siempre me impulsaba. Tenía un objetivo claro: llegar a los 35 años con estabilidad económica y emocional, casarme y formar una familia. Mientras tanto, seguía fabricando pisos y obteniendo buenos resultados financieros.

El día que aprendí a servir para dirigir

A pesar de mi éxito en los negocios, nunca dejé mi pasión por el fútbol. Seguía entrenando a personas en los parques de San Miguel de Allende. Un día, mientras estaba en uno de esos parques, me encontré con un amigo, un exdirector de la preparatoria. Me invitó a trabajar en el municipio. Al principio, pensé que sería una oportunidad para entrenar a más personas, mejorar su condición física y enseñarles sobre alimentación y nutrición.

Cuando llegué a la oficina, me dijo: "Este será tu escritorio. Esta persona será tu auxiliar, y tu trabajo será administrar el deporte en el municipio". Me sorprendí; yo esperaba entrenar gente, pero el trabajo consistía en dirigir el deporte en el gobierno municipal.

Me senté en el escritorio, algo confundido, y comencé a hablar con mi auxiliar para entender de qué se trataba exactamente. "¿Qué tengo que hacer?", le pregunté. Me explicó: "Tu responsabilidad será apoyar a los deportistas, a las asociaciones, a las ligas, a los clubes y organizar eventos deportivos".

Mi primer desafío llegó pronto. Un boxeador se presentó en mi oficina solicitando trofeos para un festival atlético que iba a organizar. Fue entonces cuando comenzó mi verdadera experiencia en liderazgo. Ese momento marcó el inicio de un nuevo capítulo en mi vida, uno que me enseñaría lo que realmente significa dirigir y apoyar a otros desde una posición de responsabilidad.

Le dije: "Claro que sí, ¿cuántos trofeos necesitas?". El boxeador me respondió: "Tres, primero, segundo y tercer lugar, además de algunas medallas". Con toda disposición

EL DECÁLOGO PARA UN LÍDER

le respondí: "Perfecto, con gusto". Sin embargo, miré hacia mi jefe inmediato, Gustavo, porque no sabía qué hacer a continuación. Le pregunté: "Oye, Gustavo, este señor necesita tres trofeos, ¿qué hacemos?". Gustavo, con calma, respondió: "Dile que venga mañana".

Me giré hacia el boxeador y le pregunté: "¿Puedes venir mañana?". "Claro, ¿a qué hora?", preguntó. "A la misma hora", le respondí. Él aceptó y se fue, prometiendo regresar al día siguiente.

Al día siguiente, el boxeador volvió puntualmente. Entonces Gustavo me dijo: "Consigue tres trofeos para entregarle". En ese momento me di cuenta de que no tenía idea de cómo funcionaba el proceso. ¿Había un almacén? ¿Debía comprarlos? Estaba completamente perdido.

Gustavo me aclaró: "Mira, aquí en la bodega tenemos unos trofeos. Entrégaselos". Así que fui a la bodega, encontré los trofeos y los llevé al boxeador. "Ahora elabórale un recibo", me dijo Gustavo. Sorprendido, respondí: "¿Cómo? ¿Un recibo?". "Sí, elabórale un recibo, pídeles una copia del INE (*Instituto Nacional*

Electoral) y toma una fotografía entregando los trofeos. Eso te servirá como evidencia y para comprobación".

Fue en ese momento cuando empecé a entender la magnitud del trabajo. Me di cuenta de que este trabajo era más que atender solicitudes: requería trámites, organización y, sobre todo, planificación. Comprendí que quienes practicaban deporte llegaban buscando apoyo: trofeos, medallas, uniformes. Y mi función era proporcionarles esos recursos.

Poco a poco, mi forma de pensar comenzó a cambiar. A pesar de no tener experiencia, fui aprendiendo a adaptarme. Sin embargo, también me enfrenté a mis propias limitaciones. Me cuestionaba: "¿Qué voy a hacer? No sé planear, no sé programar, no sé presupuestar". Pero cada nueva solicitud me empujaba a aprender.

Con el tiempo, comenzaron a surgir nuevas responsabilidades: cursos de verano, eventos deportivos y proyectos que requerían mejor organización. Fue un periodo de crecimiento acelerado.

En ese entonces, solo tenía la preparatoria. Había

regresado de Estados Unidos con dinero en mano, después de haber comprado la fábrica de mi padre y de establecer un negocio exitoso. No sentía que necesitara más. Pero esta oportunidad me mostró que tenía que aprender a dirigir, dialogar y atender con calidad.

Entendí que un buen líder no solo resuelve problemas, sino que también deja a las personas satisfechas, con la confianza de que se les ha escuchado y apoyado. Así fue como comencé a involucrarme en actividades más grandes, como la organización de los tradicionales cursos de verano, que marcarían el inicio de una nueva etapa en mi aprendizaje como líder.

La vida a menudo nos presenta retos que, aunque difíciles, nos brindan las herramientas para avanzar más allá de lo que imaginábamos. A veces, esos retos se manifiestan como palabras que resuenan en el corazón, decisiones que cambian nuestro rumbo o oportunidades disfrazadas de problemas. Lo cierto es que, en cada paso, aprendemos algo que nos prepara para lo que vendrá.

Y justo cuando crees que estás llegando al final de un camino, te das cuenta de que apenas estás comenzando otro, uno más grande, más desafiante y lleno de posibilidades. Hay momentos en los que todo parece alinearse, como si el destino te estuviera empujando hacia algo más. ¿Hacia qué? Eso es lo que descubrirás al seguir leyendo.

CAPÍTULO 2
TRANSFORMANDO LA PASIÓN EN LIDERAZGO

En esos tradicionales cursos de verano, se me ocurrió incluir en la convocatoria: "Atentamente, el profesor Romualdo Hernández Chávez". No faltó quien me escuchara en la radio durante una entrevista y se preguntara: "¿Y ese señor de dónde es profesor? ¿Quién le dijo que es profesor?"

Híjole, fue como si un balde de agua fría me cayera en la espalda. En ese momento pensé: "Tienen toda la razón. Tengo que estudiar". La verdad, querido lector, es que ya no quería estudiar, ni siquiera lo consideraba. Creía que con mi negocio ya tenía asegurado mi futuro, que de ahí seguiría trabajando, casándome, formando una familia y cumpliendo mi plan de vida.

Cuando esa persona cuestionó de dónde era profesor, otro gran amigo me comentó: "Oye, Romualdo, hay una convocatoria para estudiar la licenciatura en deportes. Es en fines de semana, con algunas sesiones en vacaciones, y en cuatro años la terminas. Cuando menos te acuerdes, ya estarás titulado. ¡Anímate, para que vean que estás preparado!".

Dicho y hecho, aunque al principio dudé. Esa misma noche llegué a casa y hablé con mi familia: "Fíjense que hay una oportunidad para estudiar una licenciatura". La reacción no se hizo esperar: "¿Pero ya para qué estudias? ¡Estás loco!". Pero yo tomé la decisión. Lo hice porque el deporte me interesaba, porque quería dirigir con propósito y ganarme el respeto de la comunidad deportiva.

A nivel municipal, nos coordinaba el estado de Guanajuato, que consta de 46 municipios. El estado organizaba reuniones regionales periódicamente. Recuerdo que, en una de esas reuniones, el director general del deporte nos dijo: "Para apoyar a los municipios y sus institutos deportivos, necesitamos resultados en capacitación, participación en Olimpiadas, promoción deportiva, eventos estatales y nacionales, y acumulación de medallas".

En aquel tiempo, asistía a las reuniones en mi propio vehículo, ya que el municipio no me facilitaba transporte. Pero llevaba la pasión, querido lector. Fue entonces cuando algo se encendió en mí, una especie de adrenalina que me impulsó a decir: "Voy a llevar a San Miguel de Allende al primer lugar estatal".

Me puse a trabajar. Capacité entrenadores, participé en eventos municipales, regionales, estatales y nacionales. Al finalizar el año, ¡San Miguel de Allende quedó en primer lugar estatal!

Esto causó revuelo. Los medios de comunicación se preguntaban cómo lo había logrado. Incluso, me citaron en el ayuntamiento para dar un informe al presidente municipal sobre mi estrategia.

En ese momento, ya llevaba varios meses estudiando la licenciatura. Mis ideas comenzaban a crecer, y con ellas mi comprensión del deporte y de los deportistas. Tenía mucha práctica, pero siempre me había faltado la teoría. Estudiar me permitió unir ambos mundos: la experiencia práctica con el conocimiento teórico. Así, me convertí en alguien que podía liderar con fundamentos sólidos, respaldado por el conocimiento y la experiencia.

El momento que definió mi liderazgo

Me citaron a comparecer en el ayuntamiento. Allí, los regidores querían que explicara cómo logramos que San Miguel de Allende obtuviera el primer lugar estatal en deportes. Sin embargo, mi director general, quien me había invitado a trabajar, se ofreció a dar la explicación. Los regidores, firmes en su decisión, respondieron: "No, director. Queremos que Romualdo nos lo explique".

Te confieso que sentí la mayor pena de mi vida. Primero, porque él había sido quien confió en mí para dirigir el deporte. Segundo, porque, como mi jefe inmediato, debería ser quien se luciera ante el ayuntamiento por este logro. Pero no fue así. Los regidores insistieron, y me tocó tomar el micrófono.

Te juro, querido lector, que estaba temblando. Mi jefe estaba sentado justo detrás de mí y sentía que al hablar le faltaría al respeto. Pero algo dentro de mí me dijo: "¡Esta es tu oportunidad!". En ese momento, recordé que había estudiado la recién implementada Ley Estatal del Deporte, la cual permitía descentralizar el deporte de otras áreas como acción cívica, bibliotecas y eventos especiales.

Respiré profundo y comencé a explicar. Les narré cómo, usando mi propio vehículo y aportando de mi dinero, organizamos las primeras Olimpiadas Rurales y Urbanas. También hablé de la colaboración con la Secretaría de Educación y otras instituciones, y cómo el liderazgo que traía como futbolista inspiraba confianza en la gente. Les dije: "Cuando piensas, sientes, dices y haces en congruencia, la gente lo nota y confía en ti".

Al terminar, los regidores estaban impresionados, y el presidente municipal tomó la palabra. Dijo: "En este momento nombro a Romualdo Hernández Chávez como director del deporte municipal por este logro. Además, instruyo al secretario del ayuntamiento a descentralizar el deporte como un organismo público descentralizado con personalidad jurídica y patrimonio propio".

¡Imagínate, querido lector! Pasé de ser jefe de deporte a director de área. Ahora tenía que trasladar bienes muebles e inmuebles, como canchas y unidades deportivas, al nuevo organigrama del deporte. También debía elaborar un reglamento municipal, definir reglas de operación para trámites de apoyos y servicios, y asumir toda la responsabilidad de este nuevo organismo.

Así, después de mucho esfuerzo, logré la descentralización del deporte en San Miguel de Allende. Fue un reto enorme, pero uno que marcó el inicio de algo mucho más grande en mi carrera como servidor público.

El valor de hablar: cuando la fe supera al miedo

Querido lector, fueron una serie de sentimientos encontrados. Por un lado, estaba el hecho de que él, mi director, fue quien me invitó a ayudarle a obtener esos resultados en su dirección. Por otro lado, sentía que esta era una oportunidad única para demostrar mi capacidad, generar un gran equipo y conseguir mejores apoyos para el deporte.

Sin embargo, los nervios me traicionaban. No sabía qué tipo de cuestionamientos me haría el presidente o los regidores. Sentía la boca seca, las manos sudorosas y temblaba de pies a cabeza. Tenía el triunfo en la mano, pero también el temor de que algo saliera mal. Era una mezcla de emoción, respeto hacia mi director y la certeza de que esa era la oportunidad que Dios me estaba dando, que debía aprovechar en ese momento.

Cuando el presidente municipal me miró y preguntó: "¿Cómo lo hiciste?", incluso me dijo: "Tranquilo, Romualdo. Toma un poco de agua, relájate. Estamos platicando como amigos". Esas palabras me brindaron una confianza inesperada, como si el peso de los nervios comenzara a desvanecerse. Sentí que mi fe crecía. Fue entonces cuando, querido lector, empecé a desatarme.

Comencé a hablar. Les expliqué cómo logramos esos resultados, cómo trabajamos en equipo y cómo fuimos proactivos con las ligas y los entrenadores. De repente, todo fluyó. Me sentí como si estuviera conversando con un amigo o contando la trama de una película en una reunión familiar. Esa confianza me llenó de seguridad y me permitió expresar todo lo que habíamos hecho.

Cuando otro líder saca el líder en ti

Para ese momento, el presidente había hecho una conexión conmigo. Me transmitió un pensamiento positivo: "Tú puedes, tú lo lograste, dinos cómo fue". Esa energía me impulsó a salir adelante. Querido lector, siempre debe haber un mentor, alguien que te inspire y te anime a dar ese paso crucial. Un mentor o coach que transforme tus nervios en energía positiva y te haga creer en ti mismo.

Gracias a esa motivación, fui capaz de hablar con claridad y seguridad. Me dije: "Yo puedo, yo soy un líder, y voy a manifestar lo que estoy pensando". Esa confianza se convirtió en la base para lo que logré después.

El momento que define un liderazgo

Si no hubiera hablado aquel día, si no hubiera tomado la palabra frente al presidente y su ayuntamiento, probablemente mi director habría asumido el liderazgo. Quizás ellos habrían pensado que yo no era el líder que esperaban. Pero al tomar ese riesgo, al aprovechar la oportunidad y confiar en mí mismo, demostré que estaba listo para liderar.

Querido lector, a veces ese instante que define tu liderazgo llega cuando menos lo esperas. Hay que estar listos para tomarlo, sin dudar. Porque cuando crees en ti mismo, puedes inspirar a los demás y convertirte en el líder que todos necesitan.

De la teoría a la acción: cómo transformar la pasión en resultados

Para esa época, el tiempo avanzaba y yo continuaba estudiando. Terminé mi licenciatura y elaboré una tesis sobre los fundamentos deportivos del baloncesto. Podía titularme por promedio, ya que siempre fui un alumno dedicado que absorbía todo el conocimiento posible. Sin embargo, decidí trabajar en mi tesis porque era una oportunidad para profundizar en lo que realmente me apasionaba. Fue en ese momento que también me inscribí en una maestría en gestión deportiva.

Dije: "Aquí no voy a parar". Ya me había picado el gusanillo del aprendizaje. Había alcanzado a esa persona que, tiempo atrás, cuestionó mis credenciales como profesor. Ahora no solo era licenciado en educación física, sino que también había logrado descentralizar el deporte en San Miguel. Paralelamente, estaba entrenando al Club Atlético San Miguel, un equipo profesional de fútbol de tercera división. Esto me permitió combinar mi experiencia como futbolista profesional con mis estudios. Pero no me detuve ahí; también me inscribí en un curso para ser director técnico de fútbol profesional.

Mi vida se llenó de cursos: vendajes, fracturas, metodología del entrenamiento, psicología deportiva y más. Incluso viajé a Cuba para investigar cómo lograban tantas medallas en competencias internacionales como los Centroamericanos y Panamericanos e, incluso, en los Juegos Olímpicos. Me volví un ávido lector, devorando libros sobre sociología deportiva, medicina, psicología y entrenamiento. Cada día estaba más inmerso en el mundo deportivo.

En el segundo año de mi gestión, logramos nuevamente el primer lugar estatal como municipio. Esto nos llevó a representar a Guanajuato en una competencia nacional, enfrentándonos a municipios de otros estados, como Chihuahua. Todo esto me hizo reflexionar sobre lo que realmente marca la diferencia en el liderazgo: los valores y principios.

Querido lector, aprendí que, cuando tienes arraigados desde la familia valores como la solidaridad, la lealtad y la comunicación efectiva, puedes lograr cosas increíbles. Cuando trabajas en equipo y te tomas el tiempo para manifestar claramente los objetivos, los planes y los presupuestos, desde la cabeza del equipo hasta la última persona de mantenimiento, todos entienden el propósito y se comprometen. Esa claridad y unidad generan confianza y motivan a todos a ponerse la camiseta.

Siempre tuve claro que los triunfos no eran de Romualdo, ni del presidente municipal, ni del consejo directivo, ni siquiera del ayuntamiento. Les decía a mi equipo: "Las medallas son de ustedes. El éxito no es obra de la casualidad, sino del gran trabajo en equipo, de la sinergia, la empatía y la lealtad que hemos construido juntos. Siéntanse orgullosos, porque estos logros son suyos".

Y es que, querido lector, cuando un equipo se siente valorado y trabaja con un propósito claro, los triunfos llegan como el resultado natural del esfuerzo colectivo.

Siempre les decía: "Sin envidia, sin rencor. Un día, ustedes estarán de este lado y yo estaré del otro como cliente". Por eso me interesaba tanto capacitarlos. Organizaba cursos de electricidad, plomería, carpintería y herrería con expertos que entrenaban al personal sin que el ayuntamiento tuviera que gastar más. Cuando necesitábamos una portería, la fabricábamos ahí mismo. Si hacían falta tableros de baloncesto, los construíamos. ¿Pintar una cancha deportiva? Nosotros mismos la pintábamos y trazábamos, siguiendo las normas para baloncesto, voleibol, tenis y fútbol.

También los formaba como árbitros de fútbol y básquetbol. Así, cuando teníamos las olimpiadas infantiles y juveniles municipales, arbitraban los partidos y ganaban un ingreso extra. Esta estrategia les gustó muchísimo.

Recuerdo a un locutor local, José María "Capi" Correa, quien hablaba todas las mañanas en la radio sobre el deporte en San Miguel de Allende. Estratégicamente, lo invité a unirse a mi equipo. Le proporcionaba información y, cada mañana a las 8:30 a. m., anunciaba nuestras convocatorias, festivales atléticos, competencias de combate, eventos de tiempo y marca, y torneos de deportes en conjunto o de raqueta. Esto promovió gratuitamente nuestras actividades, lo que nos ayudó mucho.

Pronto comenzaron a considerarme un ejemplo a nivel estatal. Me preguntaban cómo lograba tanto. La clave estaba en los valores: solidaridad, lealtad y comunicación efectiva. Siempre fui claro al transmitir la misión, visión y objetivos al equipo. Cuando un líder no pierde el enfoque, todo el equipo se alinea. Por eso, nunca atribuí los triunfos a mí mismo; decía: "Las medallas no son mías ni del presidente municipal. Son del equipo. Esto es el resultado de nuestra sinergia, empatía y esfuerzo conjunto".

Una vez, en una reunión regional, le dije al Capi: "Un día seré director del estado de Guanajuato". Me respondió: "Romualdo, estás loco". Pero siempre he creído en el pensamiento positivo. Hoy lo llaman ley de atracción; yo lo llamo determinación. Siempre decía: "Yo puedo, yo lo lograré". Y así fue.

Tras seis administraciones consecutivas, llevé el deporte municipal a un nivel estatal y nacional ejemplar. Luego, recibí una llamada para trabajar a nivel estatal. ¡Tómala! Le dije al Capi: "¿Qué te dije?". Comencé desde abajo, como promotor, y enfrenté los cuestionamientos de quienes se preguntaban quién me había recomendado. Pero sabía que debía demostrar carácter y temperamento. Aprendí a moverme entre procesos administrativos, reglamentos y planes operativos, comprendiendo que cada meta debía seguirse al pie de la letra.

Si algo he aprendido en este camino es que la vida no concede logros sin antes plantearte retos. Cada paso que di en este capítulo me permitió crecer, aprender y demostrar que, con esfuerzo y valores claros, los resultados llegan. Pero, querido lector, quiero que te hagas una pregunta: ¿qué hace un verdadero líder una vez que ha superado las expectativas? ¿Cómo se enfrenta a los nuevos desafíos que surgen con mayores responsabilidades?

Lo que viene a continuación son las decisiones difíciles, los cambios inesperados y las lecciones que me enseñaron a liderar con más firmeza y visión. Prepárate, porque el siguiente capítulo marca el inicio de un nuevo nivel, donde el liderazgo enfrenta su verdadera prueba.

CAPÍTULO 3
LIDERAR CON PROPÓSITO: DE LA ADVERSIDAD AL TRIUNFO NACIONAL

Cuando te entregas al trabajo y cultivas una comunicación efectiva con quienes te rodean, construyes un puente de oro que facilita alcanzar los objetivos. Esta conexión genera sinergia, proactividad y empatía, y lo más gratificante son los resultados. Recuerdo que, como promotor, viví experiencias únicas al inicio de las campañas políticas con los gobernadores. En ese tiempo, aún no era director y tuve que comenzar desde abajo.

El jefe me invitó a coordinar su campaña de deportes en la zona norte. Aunque no tenía experiencia política, acepté el reto. Yo era un líder, un futbolista reconocido en los municipios, y mi liderazgo y reputación me abrieron muchas puertas. Cuando el jefe ganó su campaña, anunció públicamente que yo sería el director de deporte. Esa declaración sorprendió a todos, incluso a mí. Inexperto en política, no sabía lo que eso implicaba.

Algunos compañeros, al enterarse, me escondieron para que elaborara un plan estatal de deportes. Trabajé con entusiasmo en ese proyecto, creyendo que sería mi momento para contribuir. Sin embargo, cuando llegó el momento de tomar decisiones, no me consideraron. Me sentí perdido. Decidí regresar a mi trabajo habitual, pero un día, mientras caminaba, me encontré con el jefe.

"¿Qué pasó, Romualdo? ¿Cómo va el deporte?", me preguntó. Le respondí: "¿Cuál deporte? No estoy trabajando en nada. El que quedó de director no me ha tomado en cuenta". Sorprendido, tomó el teléfono y de inmediato me asignaron como director de capacitación y certificación para entrenadores deportivos. Acepté el puesto pues encajaba con mi formación. A los pocos meses, despidieron a la directora en funciones y me promovieron a esa posición.

En ese entonces, el panorama era complicado. Guanajuato ocupaba el lugar 19 a nivel nacional en el ámbito deportivo. El jefe me envió a Tijuana y Mexicali, Baja California, para investigar cómo otros estados habían logrado mejores resultados en deportes de tiempo y marca, combate y raqueta. Analicé sus estrategias, elaboré un plan y lo presenté. Finalmente, el jefe me nombró director de deportes.

"¿Qué propones para sacar a Guanajuato de este bache?", me preguntó. Con la formación que traía del fútbol, respondí que la clave era Escuelas de Formación Deportiva. Comencé a implementar el plan, aunque sabía que humanamente parecía imposible mejorar tan rápido. Aun así, me comprometí a dar lo mejor de mí.

Querido lector, la dirección de una empresa, un proyecto o un equipo, es desafiante, pero también hermosa. Aprender el arte de dirigir, enfrentarte a las dificultades y ver cómo tus planes se materializan en resultados tangibles es una satisfacción incomparable. Esa motivación, nacida de los logros, te impulsa a seguir adelante con más fuerza y determinación.

El arte de dirigir

Recuerdo que en 2013, Guanajuato ocupaba el lugar número 19 a nivel nacional en el ámbito deportivo. Fue entonces cuando asumí la dirección del deporte, y para 2014 dimos nuestro primer paso al avanzar al lugar 18. Aunque fue solo un escalón, marcó el inicio de un camino hacia la mejora. En 2015 alcanzamos el lugar 13, y en 2016 logramos posicionarnos en el noveno lugar. Para 2017 y 2018, nos consolidamos en el séptimo lugar.

Sin embargo, con la llegada de la pandemia en 2019 y 2020, se produjeron cambios en la dirección del deporte, y Guanajuato descendió al octavo lugar.

Cuando se acaba el tiempo de una dirección, se dice que, si has dado resultados, te seguirán contratando porque no hay duda de que eres un líder que cumple con las expectativas. Sin embargo, a veces, aunque logres tus objetivos, puede suceder que no encajes en el nuevo equipo. Tal vez no eres el perfil que buscan, y entonces te piden que te retires porque traen a su propia gente.

Cuando dejas una dirección con resultados sólidos,

objetivos cumplidos, metas alcanzadas y una percepción positiva ante la sociedad, algo sucede. Cuando la gente sabe que tú fuiste alguien que escuchó a los demás, que generó empatía con los clientes y que dejó un organigrama funcional, un presupuesto bien diseñado, un reglamento establecido y ligas deportivas constituidas, uno espera que todo eso siga adelante. Sin embargo, muchas veces, llega un nuevo dirigente y decide que lo que construiste no le sirve, que no es lo que esa dirección necesita, y lo derrumba.

Es triste, querido lector, ver cómo todo lo que levantaste con tanto esfuerzo, planificación y dedicación se desmorona en un instante. Peor aún, muchas veces, esas mismas personas que destruyeron tu trabajo comienzan a hablar mal de ti, descalificando lo que hiciste y afirmando que no era lo correcto. Y lo hacen no solo con desdén, sino con un coraje, un odio y un repudio que no tienen sentido.

De repente, ves cómo ese lugar que dejaste en un *top 10* se hunde hasta los últimos puestos. Observas cómo las decisiones mal tomadas y la falta de continuidad arruinan lo que construiste con tanto cuidado. En esos momentos, confirmas algo que siempre he dicho: si alguien va a dirigir algo, lejos de llegar a aprender, debe llegar a resolver.

Un buen líder no llega con la espada desenvainada para cortar cabezas y despedir a personas con experiencia, aquellas que conocen la mecánica y la estrategia de la dirección. No puedes sustituir ese conocimiento con gente nueva, por más creativa que sea, si no tienen el contexto ni el entendimiento profundo de lo que se requiere para hacer funcionar esa estructura.

Un verdadero líder entiende que la base del éxito radica en aprovechar lo que ya funciona y construir sobre ello. La experiencia no se improvisa, y despedir a quienes llevan años manejando una dirección puede ser un error fatal. Por eso, insisto: un líder que llega a dirigir debe hacerlo con visión, humildad y el propósito de resolver, no de imponer.

Yo pienso que cuando uno sale y otro entra en cualquier dirección, lo primero que debería hacer el nuevo dirigente es observar, querido lector, si está ahí para liderar o simplemente para mandar. Esa es una diferencia fundamental. Ser líder no es solo ocupar un puesto, sino conectar con la gente y los procesos.

Mi recomendación para quien venga a suplantar a

un dirigente, en cualquier ámbito, es clara: primero, establecer una comunicación directa con los liderazgos existentes. Debe sentarse con cada coordinación, con cada dirección, y conocer de primera mano lo que cada área hace, cómo funciona, cuáles son sus retos y fortalezas. No debe confiar ciegamente en las personas que él mismo traiga, porque esas personas no conocen la dinámica ni la mecánica que ya está en marcha. La clave está en investigar, indagar, y aprender antes de tomar decisiones.

Si yo estuviera en su lugar, lo primero que haría sería reunirme con los directores actuales, escuchar sus planes, programas y presupuestos. Preguntar cuáles son sus funciones específicas, cuáles son los objetivos que tienen planteados y cómo esos objetivos se alinean con las metas estatales y nacionales. Esa claridad es vital, porque si llegas despidiendo gente que ya tiene experiencia y conocimiento, corres el riesgo de desmantelar algo que ya estaba funcionando bien.

Un líder no destruye lo que ya está construido con esfuerzo, mucho menos cuando está dando buenos resultados. Cuando se toma el tiempo para conocer al equipo, para entender su trabajo y sus metas, no solo se mantiene la estructura, sino que se mejora. Antes de cambiar algo, aprende, observa, y respeta lo que ya está en marcha. Esa es la clave para no solo dirigir, sino inspirar.

Por fortuna, en 2021, me llamaron nuevamente para retomar el liderazgo, y con un esfuerzo conjunto, logramos avanzar al quinto lugar en las Olimpiadas Nacionales. Para 2024, querido lector, Guanajuato alcanzó el cuarto lugar a nivel nacional, un logro que me llena de orgullo y satisfacción.

Esto, precisamente, es lo que llamo "El arte de dirigir". Se trata de liderar con valores y principios que inspiren a tu equipo a superar cualquier adversidad. Es construir lealtad, como la de aquellos grandes emprendedores que, desde la quiebra, lograron recuperar y fortalecer sus empresas gracias al compromiso y solidaridad de sus equipos. Es mostrar la solidaridad que vimos en los mineros de Chile, quienes se unieron con valor, empatía y perseverancia para rescatar a sus compañeros atrapados.

En el deporte, aplicamos esos mismos valores. Motivamos a las asociaciones deportivas a comprometerse y "ponerse la camiseta". Involucramos a los padres de familia, quienes también se sintieron parte del proceso. Todo esto fue posible manteniendo siempre la motivación, la lealtad, la proactividad, la sinergia y, sobre todo, una comunicación efectiva y transparente sobre las necesidades y apoyos requeridos.

El verdadero arte de dirigir implica acercarte a tu gente, entender sus retos y celebrar sus logros como si fueran tuyos. Cuando haces que alguien no solo piense, sino también sienta que el triunfo es suyo, los resultados se multiplican, tanto cualitativa como cuantitativamente. Además, la honestidad y el enfoque directo en beneficiar al deportista y al entrenador son fundamentales para obtener resultados reales.

Estoy convencido de que si todos nos esforzamos por fomentar la empatía, la solidaridad, la proactividad y una comunicación efectiva, junto con todos los valores que definen el liderazgo auténtico, el deporte, tanto a nivel nacional como internacional, alcanzará niveles de éxito sin precedentes. Estos valores no solo transforman equipos, sino que también dejan un legado que trasciende.

DESPIERTA AL LÍDER QUE LLEVAS DENTRO CON *EL DECÁLOGO PARA UN LÍDER*

Querido lector,

Liderar es mucho más que ocupar un puesto o tener autoridad sobre un equipo. Liderar es dejar una huella, es inspirar con el ejemplo y es transformar no solo a quienes te rodean, sino también a ti mismo. En *El Decálogo Para Un Líder: Cómo Dirigir Desde Cero Y Alcanzar El Éxito*, quiero compartir contigo un camino basado en valores que no solo te ayudará a alcanzar tus metas, sino que despertará en ti el líder que siempre has llevado dentro.

El rey Salomón, uno de los hombres más sabios de la historia, no alcanzó su grandeza solo por su riqueza, sino porque su sabiduría lo guiaba en cada decisión. Todo lo demás, querido lector, le llegó por añadidura. Y esa es la clave del liderazgo: cuando tienes claro lo que piensas, lo que sientes, lo que dices y lo que haces, entonces estás en equilibrio, y de ese equilibrio nacen las grandes transformaciones.

Imagina por un momento cómo cambiaría tu vida si tuvieras las herramientas para comunicarte con seguridad, inspirar confianza en tu equipo y liderar desde la empatía y la visión. No hablo de sueños imposibles, hablo de resultados tangibles que vienen cuando alineas tu mente y tus acciones con un propósito claro.

A través de las siguientes páginas, descubrirás cómo:

- Convertirte en un líder que inspira respeto y admiración, desde el primer contacto.
- Construir equipos sólidos basados en confianza, lealtad y motivación genuina.
- Enfrentar cualquier reto con claridad y firmeza, sin perder de vista tus objetivos.
- Desarrollar una mentalidad resiliente que te permita levantarte, una y otra vez.

- Proyectar la seguridad y la energía que contagian a los demás.
- Crear un legado basado en valores, algo que trascienda más allá de tus logros personales.

La sabiduría, querido lector, no llega de la noche a la mañana. Se construye día a día, con esfuerzo, con aprendizaje y, sobre todo, con fe. Porque cuando crees en ti mismo, cuando visualizas un objetivo claro y mantienes la fe intacta, todo comienza a moverse en la dirección correcta.

Es como decía aquel sabio: "La gente será como tú la percibas". Si miras con resentimiento y desconfianza, eso es lo que encontrarás en los demás. Pero si miras con bondad, con fe y con esperanza, descubrirás que la vida se alinea a lo que proyectas.

Hoy quiero compartirte los principios que me ayudaron a construir mi liderazgo desde cero, los mismos que me sacaron adelante en los momentos más difíciles. Estos valores transformaron mi vida, y estoy convencido de que también pueden transformar la tuya.

Te invito a seguir leyendo, querido lector, porque lo que te espera aquí es más que un manual de liderazgo: es una guía para vivir con propósito, con fe y con una visión clara de quién eres y de lo que puedes lograr.

Con fe en tu grandeza,

ROMUALDO HERNÁNDEZ

CAPÍTULO 4
DISCIPLINA, LA BASE DE TODO LIDERAZGO

Para ilustrar el poder de la disciplina, recordemos la historia de Jiro Ono, considerado uno de los mejores chefs de sushi en el mundo. Jiro es el dueño de un pequeño restaurante de sushi en Tokio, *Sukiyabashi Jiro*, que, a pesar de tener solo diez asientos, ha sido galardonado con estrellas Michelin y es el destino de clientes de todo el mundo. Pero el camino al éxito de Jiro no fue por casualidad, sino resultado de una disciplina inquebrantable.

Desde joven, Jiro comprendió que la excelencia en su arte no se lograría con habilidades naturales, sino con una práctica constante y una dedicación total. Comenzó su carrera como aprendiz en la cocina, haciendo tareas que parecían insignificantes, como lavar arroz y preparar ingredientes. Pero, a diferencia de otros que veían estas labores como tareas menores, Jiro les puso toda su atención y esfuerzo. Para él, cada tarea, por simple que fuera, era una oportunidad para mejorar, para aprender algo nuevo y acercarse a su visión de perfección.

La rutina de Jiro es un claro ejemplo de disciplina: se despierta antes del amanecer todos los días, repasa su técnica constantemente y evalúa cada pieza de sushi que prepara con el mismo rigor, como si fuera la primera vez. Esta repetición y constancia no es algo que hace por obligación, sino porque entiende que cada pequeña mejora en su técnica lo acerca más a la perfección que persigue. Incluso a sus ochenta años, sigue practicando con la misma dedicación y esfuerzo, convencido de que siempre puede mejorar un poco más.

La filosofía de Jiro no es solo una cuestión de talento o de amor por su oficio; es la disciplina que ha desarrollado a lo largo de los años. Nunca deja nada al azar, y cada paso en su proceso es meticulosamente planeado y ejecutado. Si el arroz no alcanza el punto exacto de cocción o si el pescado no tiene la textura adecuada, vuelve a empezar desde cero sin importar el tiempo que le lleve.

Esta historia nos recuerda que la disciplina es una elección constante, una decisión diaria de hacer lo que se debe hacer, sin importar las circunstancias. La excelencia no es algo que se logra en un solo intento ni en un solo día. La disciplina es la que te levanta cuando preferirías descansar, la que te empuja a esforzarte aunque parezca que nadie está mirando.

En el caso de Jiro, esa dedicación a su arte le ha ganado un lugar en la historia y el respeto de su equipo y sus clientes. No fue un camino fácil, pero cada sacrificio y cada repetición lo han llevado al reconocimiento que tiene hoy. La lección es clara: la disciplina no es solo cumplir con lo que se espera de ti; es comprometerte con tu propio crecimiento y, como Jiro, encontrar satisfacción en cada pequeño paso hacia la excelencia.

La disciplina es la columna vertebral de un líder. Sin ella, cualquier esfuerzo se desmorona, porque no hay constancia ni dirección. No se trata solo de hacer las cosas cuando te sientes motivado, sino de mantener el rumbo incluso en los días grises, cuando parece que no hay progreso o cuando la tentación de abandonar es fuerte. Es la disciplina la que te mantiene enfocado, la que te recuerda por qué empezaste y te impulsa a seguir avanzando, paso a paso, sin importar cuán grande sea el desafío.

Piensa en la importancia de la disciplina como en la historia de *El Poder de los Hábitos* de Charles Duhigg. Duhigg explica cómo pequeños cambios constantes, aplicados con disciplina, pueden transformar una vida, una empresa o incluso un equipo entero. Cada hábito bien aplicado actúa como un pilar que soporta algo más grande. La disciplina es justamente eso: el cimiento que sostiene cada decisión y acción de un líder.

En el liderazgo, la disciplina no se limita a cumplir horarios o terminar tareas. Va mucho más allá. Es la capacidad de autocontrol, de ser firme en tus valores y de respetar tus propios compromisos. Un líder disciplinado inspira respeto, porque su equipo sabe que está viendo a alguien que cumple con lo que promete, alguien que no se rinde fácilmente y que, a pesar de los obstáculos, sigue adelante. Es alguien que, en lugar de reaccionar impulsivamente, tiene la paciencia de observar, analizar y actuar con sabiduría.

A lo largo de mi carrera, he trabajado con personas extraordinarias, personas que han logrado metas increíbles no solo por su talento, sino por su dedicación diaria y su capacidad de ser constantes en todo lo que hacen. He aprendido que la disciplina no solo se aplica en el trabajo, sino en cada aspecto de la vida. Es el compromiso contigo mismo, con tus objetivos y con quienes dependen de ti. Y cuando un líder es disciplinado, su equipo también aprende a serlo.

Es un valor que requiere esfuerzo, pero los frutos son enormes. Quien es disciplinado vive con claridad y propósito. Sabe que, aunque el camino puede ser difícil, la constancia siempre lleva a resultados sólidos y duraderos. Sin disciplina, es como si fueras un barco sin rumbo, movido por el viento sin control. Pero con ella, tienes el timón firme y la dirección clara, sin importar las tormentas que enfrentes.

La disciplina es el primer y más fundamental escalón en el decálogo, porque sin ella, no hay base sólida para construir nada duradero. Es el pilar que sostiene cada uno de los otros valores, el terreno firme sobre el cual se erigen nuestros sueños y objetivos. Sin disciplina, cualquier intento de liderazgo, cualquier plan de acción, queda al azar, sin dirección y sin fortaleza para resistir los momentos de dificultad. La disciplina es el principio que nos ancla y nos permite avanzar con propósito.

Este valor no es solo un requisito para el éxito; es el compromiso personal de mantenerte fiel a tus metas, aún cuando nadie más lo haga, aún cuando no haya reconocimiento inmediato. La disciplina es esa elección diaria de cumplir con lo que se debe hacer, aun cuando no sea fácil o cuando otros prefieran tomar el camino corto. En el liderazgo, y en la vida misma, esta constancia es la que define nuestra capacidad para enfrentar desafíos y superar obstáculos, porque la disciplina es el motor silencioso que nos impulsa hacia adelante, paso a paso.

Reflexiona por un momento: ¿cómo podrías alcanzar la empatía, la comunicación efectiva o la innovación si no tienes la disciplina para practicar y mejorar cada día? ¿Cómo podrías ser un líder que inspire lealtad o solidaridad, si no eres capaz de mostrar con tu ejemplo lo que significa la verdadera dedicación? La disciplina no es solo el primer paso en este camino; es el ingrediente necesario para hacer posible cada uno de los demás valores. Sin ella, el decálogo pierde su fundamento, y las metas se convierten en simples ideas pasajeras.

Te invito a que examines tus compromisos y tus prioridades. ¿Qué promesas has hecho a ti mismo y has dejado en pausa? ¿En qué aspectos de tu vida necesitas ser más constante? Solo cuando tienes la disciplina para cumplir con lo que te has propuesto, incluso en los pequeños detalles, puedes inspirar a otros a seguir ese mismo camino. La disciplina te convierte en un ejemplo, en un referente que otros seguirán porque verán en ti el reflejo de alguien que se toma en serio sus compromisos.

No se trata de una fuerza rígida ni de una rutina sin sentido; la disciplina es el compromiso que haces contigo mismo para alcanzar lo mejor de ti. Es la puerta de entrada a una vida de propósito, a una vida de liderazgo genuino. Porque solo cuando eres disciplinado contigo mismo, cuando realmente respetas y valoras tu propio esfuerzo, puedes pedir y esperar disciplina de los demás.

Formando el Hábito de la Disciplina

Aquí tienes algunas recomendaciones clave para que líderes en cualquier campo, ya sea empresarial, deportivo, político o motivacional, puedan cultivar y fortalecer el hábito de la disciplina:

1. Empieza con Objetivos Claros y Alcanzables

Define metas concretas y divídelas en pasos alcanzables. Cuando sabes exactamente lo que quieres lograr y por qué, es más fácil comprometerte. Al ver progreso, aunque sea en pequeñas etapas, te sentirás motivado a seguir adelante. Los logros pequeños refuerzan la disciplina y construyen una base sólida para metas más grandes.

2. Establece una Rutina Diaria Consistente

La disciplina se fortalece con la repetición. Diseña una rutina diaria que refleje tus prioridades: dedica bloques de tiempo específicos para trabajar en tus metas más importantes y comprométete a seguir esta estructura cada día. La constancia diaria es lo que convierte la disciplina en un hábito sólido e inquebrantable.

3. Sé Puntual y Responsable con tus Compromisos

La puntualidad y la responsabilidad son muestras visibles de disciplina. Llega a tiempo a tus citas, cumple con los plazos y mantente comprometido con cada tarea. Estos actos de responsabilidad fortalecen tu disciplina y también generan respeto y confianza en quienes te rodean.

4. Elimina Distracciones y Establece un Entorno Enfocado

Crea un espacio de trabajo libre de distracciones que te permita enfocarte. Apaga notificaciones, mantén el espacio ordenado y enfocado en lo esencial. A veces, es necesario decir "no" a ciertas actividades para mantener el enfoque en lo que realmente importa.

5. Utiliza Recordatorios y Alarmas para Mantenerte en Camino

Los recordatorios y las alarmas son útiles para reforzar hábitos y rutinas. Usa herramientas como alarmas o aplicaciones de organización para recordar tus compromisos diarios y asegurarte de cumplir con tus tareas prioritarias.

6. Encuentra un Modelo de Inspiración

Tener un mentor o figura inspiradora ayuda a mantenerte enfocado en tus metas. Observa cómo líderes exitosos han cultivado la disciplina en sus vidas y sigue su ejemplo. Su experiencia puede inspirarte y recordarte el impacto que la disciplina tiene a largo plazo.

7. Practica la Autorreflexión y la Evaluación Periódica

Revisa regularmente tu progreso y ajusta tu enfoque según sea necesario. La disciplina se fortalece al identificar lo que funciona y lo que no. Reflexiona sobre tus avances y haz los cambios necesarios para seguir creciendo.

8. Rodéate de Personas Comprometidas

La disciplina se nutre de ambientes positivos y comprometidos. Rodéate de personas que compartan tu enfoque y visión, y que también valoren la disciplina. Las influencias externas pueden ayudarte a mantener el hábito o, en caso contrario, desviarte del camino.

9. Celebra las Pequeñas Victorias y Mantén la Motivación

La disciplina se refuerza al reconocer los logros. Celebra tus avances, por pequeños que sean, y usa esos momentos de satisfacción para motivarte a seguir adelante.

10. Recuerda el Propósito Detrás de tu Disciplina

En los momentos difíciles, recuerda tu propósito. La disciplina no es un fin en sí mismo, sino una herramienta para alcanzar tus sueños.

Ahora, antes de que des vuelta a la página, quiero dejarte con una pregunta: ¿qué es lo que realmente hace a un líder destacar y ser capaz de enfrentar cualquier reto? Lo que viene en el siguiente capítulo revelará esa pieza clave, ese elemento que distingue a los líderes que no solo esperan, sino que toman acción antes de que los problemas aparezcan.

Aquí descubrirás una perspectiva esencial que transformará la manera en que ves el liderazgo, y que te abrirá los ojos a una habilidad poderosa que pocos saben desarrollar.

CAPÍTULO 5
PROACTIVIDAD, TOMAR LA INICIATIVA ANTES DE QUE SEA TARDE

La proactividad es la capacidad de anticiparse y actuar antes de que los problemas o las necesidades se presenten. No se trata de esperar a que las circunstancias nos empujen a movernos, sino de tomar la iniciativa y hacer lo necesario antes de que la situación lo exija. Es adelantarse, prever, y tomar control de lo que podemos, evitando que los desafíos nos tomen por sorpresa.

Cuando pensamos en la proactividad, una historia que me viene a la mente es la de Thomas Edison, el famoso inventor que nos dio la bombilla eléctrica. Edison era un hombre que no esperaba a que las cosas sucedieran por sí solas; él siempre se adelantaba y tomaba el control de sus ideas y de su trabajo. No se conformaba con pensar en una idea y dejar que el tiempo resolviera los problemas; su filosofía era actuar, experimentar y adaptarse, sin esperar a que el éxito llegara mágicamente.

Una vez, mientras trabajaba en su laboratorio, Edison se encontró con un desafío que hubiera hecho que muchos otros se dieran por vencidos. Sus primeros intentos para crear una bombilla fueron un desastre; las bombillas que fabricaba apenas duraban unos segundos antes de explotar o quemarse. Los materiales que usaba, como hilos de bambú o de algodón, no eran lo suficientemente fuertes para soportar el calor. Muchos pensaron que su proyecto era un fracaso, algo imposible de lograr.

Pero Edison, en lugar de detenerse y lamentarse, decidió hacer algo que sorprendió a todos. En lugar de esperar a que alguien más le trajera la solución, se comprometió a probar miles de materiales distintos, uno por uno. Con paciencia y dedicación, experimentó con diferentes tipos de filamentos, buscando el material que resistiera el calor sin quemarse. Él mismo decía que no fracasaba, sino que estaba "encontrando formas de cómo no hacer una bombilla". Este acto de proactividad fue lo que, finalmente, lo llevó al éxito.

Después de miles de intentos, Edison descubrió que el filamento de carbono podía soportar el calor y duraba mucho más tiempo. Fue así como logró crear la bombilla eléctrica que cambió el mundo y nos iluminó en todos los sentidos. ¿Te imaginas qué habría pasado si hubiera esperado a que el problema se solucionara solo, o si se hubiera rendido en su primer intento? Edison demostró que la proactividad es actuar antes de que las circunstancias nos obliguen a hacerlo, de tomar la iniciativa y no rendirse, incluso cuando las cosas parecen difíciles o imposibles.

La lección de Edison es clara: ser proactivo significa no esperar a que los problemas se resuelvan por sí solos, sino buscar la solución, probar nuevos métodos y seguir adelante hasta encontrar la respuesta. Es adelantarse a los obstáculos y no dejar que nos detengan. Y eso no solo aplica a inventores o científicos; la proactividad es algo que todos podemos practicar en nuestra vida diaria, ya sea en el trabajo, en el estudio o en cualquier meta que queramos alcanzar.

Así como Edison transformó el mundo con su insistencia y su voluntad de experimentar, tú también puedes hacer grandes cosas cuando decides tomar acción, sin esperar a que el problema crezca. La proactividad es como esa luz que ilumina el camino antes de que la oscuridad nos alcance.

En el liderazgo, la proactividad es igual de esencial. Un líder proactivo no solo reacciona a los problemas cuando ya están encima; es alguien que prevé, que identifica las señales de alerta antes que nadie. Sabe que cada pequeña acción puede marcar la diferencia, que estar preparado no es un lujo, sino una necesidad.

Pensemos en cómo Stephen Covey en *Los 7 hábitos de la gente altamente efectiva* describe este concepto. Uno de los hábitos es precisamente la proactividad, la habilidad de tomar decisiones que no dependen de las circunstancias, sino de una elección personal. Cuando un líder elige actuar en lugar de esperar, toma el control de su entorno y se convierte en un ejemplo a seguir. Covey señala que una persona proactiva no se limita a responder, sino que construye y se anticipa, creando oportunidades donde otros ven problemas.

En mi carrera, he trabajado con personas y equipos que esperaban hasta el último momento para enfrentar un problema. Pero también he visto a aquellos líderes que están siempre en movimiento, que ven el riesgo desde lejos y lo abordan antes de que se vuelva una crisis. Esa es la esencia de la proactividad en el liderazgo: no dejarse llevar por los sucesos, sino tener el control de ellos. Ser proactivo no solo significa reaccionar rápido, sino tener la visión para prever lo que podría suceder y, con ese conocimiento, tomar decisiones que beneficien a todos.

Proactividad en Acción

Un ejemplo claro de proactividad en acción lo encontramos en la historia de Southwest Airlines, una aerolínea conocida por su excelente relación con los clientes. Hace algunos años, enfrentaron una situación delicada: su servicio estaba recibiendo pequeñas quejas de los pasajeros por demoras en los vuelos y problemas menores que, acumulados, ponían en riesgo la satisfacción y lealtad de los clientes.

Gary Kelly, CEO de Southwest en ese momento, decidió que no podían esperar a que estas quejas se convirtieran en un problema más grande. En lugar de dejar que las cosas siguieran su curso, implementó un sistema de revisiones semanales en el que cada equipo de trabajo analizaba las áreas que requerían mejoras. También organizó sesiones de retroalimentación con el personal de atención al cliente, buscando entender de primera mano los puntos de fricción y las inquietudes de los pasajeros.

Esta decisión fue crucial. No solo abordaron los problemas antes de que se agravaran, sino que la aerolínea fortaleció su relación con los clientes y mejoró su reputación. Gracias a esta mentalidad proactiva, Southwest Airlines no solo resolvió los inconvenientes a tiempo, sino que estableció un estándar de excelencia en su atención, ganándose la confianza y fidelidad de sus pasajeros.

Esta historia es un excelente ejemplo de cómo la proactividad en liderazgo puede hacer una gran diferencia. No se trata de esperar a que la crisis explote, sino de ver esos pequeños detalles y actuar de inmediato. Es la clase de mentalidad que permite a un equipo no solo evitar problemas, sino también crear lazos sólidos y duraderos con sus clientes.

Ser proactivo también significa estar dispuesto a hacer

lo necesario por quienes están bajo tu cuidado. Muchos de mis clientes en coaching y conferencias me han compartido que uno de sus mayores desafíos es la falta de proactividad en sus equipos. Les he enseñado que la proactividad no solo se enseña, sino que se inspira. Cuando un líder actúa con iniciativa, los demás siguen su ejemplo. Y eso es lo que busco transmitir en mis cursos online y sesiones de coaching: cómo desarrollar ese instinto de anticipación, de actuar antes de que el problema sea insostenible.

La proactividad es también la habilidad de transformar el miedo en acción. Muchas veces, la gente evita tomar la iniciativa porque teme equivocarse. Pero un líder proactivo comprende que el error es parte del proceso, que actuar es mejor que quedarse inmóvil. En lugar de temer a lo desconocido, se prepara y enfrenta cada reto con determinación. Porque ser proactivo no significa ser perfecto; significa estar dispuesto a aprender, a mejorar y a buscar siempre lo mejor para el equipo.

Este valor, junto con la disciplina, forma una combinación poderosa. La disciplina nos da el enfoque y la constancia, mientras que la proactividad nos permite anticiparnos y adaptarnos. Son como las raíces y el tronco de un árbol que crece fuerte y seguro, preparado para soportar cualquier tormenta.

Ahora, si piensas en cómo aplicar este valor en tu vida, te invito a reflexionar sobre tu propia capacidad de anticipación. ¿Hay áreas en las que podrías tomar la iniciativa en lugar de esperar? Tal vez en tus relaciones, en tu trabajo o en tu propio desarrollo personal. La proactividad es un hábito que se construye con pequeñas acciones, y cuando menos te das cuenta, se convierte en una parte fundamental de tu liderazgo.

La proactividad es el segundo peldaño de este decálogo, un valor que cada líder debe adoptar si quiere guiar a su equipo hacia el éxito y la estabilidad. Si entiendes este valor y lo aplicas, estarás un paso más cerca de convertirte en el líder que deseas ser. Pero la escalada no termina aquí. Hay un siguiente valor que lleva el liderazgo a otro nivel, un principio que permite al líder ir más allá de lo que parece posible y alcanzar horizontes desconocidos.

Imagina cómo sería tener una herramienta que no solo te permita anticiparte, sino también renovar y transformar tu entorno constantemente. Esto no se trata de seguir la corriente, sino de liderarla. No se trata de solo reaccionar, sino de cambiar las reglas del juego. En el próximo capítulo, descubrirás ese principio esencial que puede ser la clave para llevarte a ti y a tu equipo hacia una nueva era de éxito y crecimiento.

CAPÍTULO 6
INNOVACIÓN, EL CAMINO PARA ESTAR SIEMPRE ADELANTE

Cuando pensamos en innovación, muchos imaginan grandes cambios o ideas revolucionarias. Sin embargo, la verdadera innovación suele comenzar con un simple cambio de perspectiva. Un ejemplo que siempre me inspira es la historia de Akio Morita, cofundador de Sony. En los años setenta, cuando la compañía apenas empezaba a hacerse un nombre en el mercado tecnológico, Morita decidió lanzar un dispositivo que, en ese momento, nadie veía como necesario: el primer reproductor portátil de casetes, conocido como el Walkman.

La idea de Morita enfrentó una gran resistencia dentro de la propia empresa. "¿Quién querría un reproductor de música sin grabadora y sin altavoces?", decían los directivos. Morita insistió en que la idea de escuchar música en cualquier lugar, sin molestar a nadie, tenía el potencial de cambiar la forma en que las personas disfrutaban la música. En lugar de dejarse vencer por las dudas y el escepticismo, mantuvo su visión, convencido de que los clientes verían el valor en algo que ni siquiera sabían que necesitaban.

El lanzamiento del Walkman fue arriesgado. Al principio, las ventas no fueron las esperadas, y la crítica fue dura, pues muchos pensaban que el producto era innecesario. Pero Morita se mantuvo firme y continuó promoviendo el dispositivo. Poco a poco, el público comenzó a adoptarlo, y pronto el Walkman se convirtió en un símbolo de una era. La visión de Morita y su capacidad para ver más allá de lo evidente transformaron no solo a Sony, sino también la industria de la música y el entretenimiento.

Esta historia nos recuerda que la innovación no siempre significa crear algo completamente nuevo; a veces, se trata de mirar lo que ya tenemos desde otro ángulo, de buscar posibilidades donde otros ven limitaciones. La innovación es una invitación a no conformarse con lo que conocemos, a atrevernos a cambiar y a explorar lo desconocido, incluso si al principio otros no lo entienden.

El liderazgo exige ese mismo espíritu. No se trata de tener todas las respuestas, sino de estar dispuestos a probar, a fallar y a volver a intentar con una visión más amplia. Porque, como lo demostró Morita, la innovación no es solo una estrategia para avanzar; es un compromiso para seguir creciendo y mejorando constantemente, adaptándonos a las necesidades de quienes dependen de nosotros.

En el libro *La Estrategia del Océano Azul* de W. Chan Kim y Renée Mauborgne, se habla precisamente de esta mentalidad de innovación que todos los líderes deben tener. La obra plantea que, en lugar de competir en mercados saturados (los "océanos rojos"), los líderes deben buscar océanos azules, espacios donde puedan destacar creando algo nuevo, original y único. Los autores explican que innovar no siempre significa inventar algo desde cero; a veces, es simplemente ver lo que ya existe desde una perspectiva diferente. Es encontrar nuevas oportunidades donde otros solo ven límites. Esa es la esencia de un líder innovador.

A lo largo de los años, he visto a personas y equipos que no solo destacan por lo que saben hacer, sino porque siempre están dispuestos a reinventarse. En el mundo de los negocios, la innovación no es un lujo; es como ese viento fresco que necesitas cuando el día está más caluroso. No importa si tienes un puesto de tacos o diriges una empresa gigante, un líder innovador no se conforma con lo de siempre, se lanza a probar lo desconocido y motiva a los suyos a hacerlo también.

Piensa en el caso de Reed Hastings, el cerebro detrás de Netflix. Al principio, la empresa mandaba DVDs por correo, un modelo que parecía infalible. Pero Hastings, que siempre estaba un paso adelante, notó que la forma en que veíamos entretenimiento estaba cambiando. El internet se estaba volviendo una herramienta poderosa, y la idea de ver películas y series en línea comenzaba a tomar fuerza.

Renunciar a los DVDs para apostar por el *streaming* (transmisión en línea) fue como cambiar un coche que siempre arranca por un prototipo que nadie ha probado. Era arriesgado, sí, pero Hastings tomó esa decisión, a pesar de que muchos lo tildaron de loco. Y mira ahora:

lo que empezó como una simple idea se convirtió en una plataforma que cambió la forma en que vemos televisión.

La lección aquí es clara: a veces, innovar significa **dejar lo conocido y atreverte a caminar por caminos nuevos**, incluso si parecen cuesta arriba. Muchas veces, eso de "siempre lo hemos hecho así" no es más que un freno. La clave está en atreverse a mirar desde otro ángulo, en preguntarse: "¿Qué puedo hacer diferente para crecer?". Es en esos momentos de riesgo cuando se abren las puertas a lo extraordinario.

Pero no te equivoques, innovar no siempre significa hacer cambios gigantes. A veces, son esos pequeños ajustes, como mover una pieza en el ajedrez, los que terminan cambiándolo todo. Un líder que fomenta la innovación en su equipo no solo genera ideas nuevas, sino que enciende la chispa de la creatividad en los demás. Es un trabajo de todos los días, una actitud frente a un mundo que nunca se detiene.

En mis cursos y conferencias, me gusta tocar el tema de la innovación. Puede ser algo tan sencillo como cambiar la forma en que te comunicas con tu equipo o probar una nueva estrategia que, aunque parezca pequeña, puede transformarlo todo. Porque al final, un líder innovador no es el que espera a que el mundo le diga qué hacer, sino el que toma la iniciativa, se enfrenta a sus miedos y crea algo que nadie más había imaginado.

La innovación también implica asumir riesgos. Ser innovador no garantiza que cada idea funcione a la perfección, pero un líder comprende que el aprendizaje es parte del proceso. Algunas de las grandes empresas y personalidades de la historia han sido impulsadas por líderes que, en su búsqueda de algo nuevo, se enfrentaron al fracaso y supieron levantarse. Porque lo importante no es acertar siempre, sino aprender de cada intento, mejorar y seguir adelante.

Cada líder debe preguntarse: ¿estoy dispuesto a innovar y a cambiar cuando sea necesario? Si la respuesta es sí, estás en el camino de inspirar a tu equipo y de marcar una diferencia significativa en tu entorno. La innovación no es solo un valor en el liderazgo, es una actitud frente a la vida. Es la capacidad de ver oportunidades donde otros ven problemas, de avanzar cuando otros se detienen.

Este tercer valor es el que nos permite estar un paso adelante, el que nos impulsa a crecer y a ser diferentes. Y si piensas en los grandes logros de la humanidad, en aquellos que realmente cambiaron el curso de la historia, verás que todos ellos comenzaron con alguien que se atrevió a pensar de manera diferente, alguien que desafió el "siempre se ha hecho así" y creó un camino nuevo.

Innovar es una habilidad que puedes desarrollar, pero requiere constancia y valentía. Si quieres marcar la diferencia, si quieres dejar una huella en tu equipo, en tu empresa o en tu propia vida, entonces la innovación debe ser parte de ti. Es el tercer escalón de nuestro decálogo y es uno de los más poderosos, porque nos invita a crear, a transformar y a desafiar los límites.

Ahora bien, antes de que sigas leyendo, quiero hacerte una pregunta importante: ¿alguna vez has sentido que podrías lograr más si entendieras lo que realmente mueve a las personas a tu alrededor? Hay algo que va más allá de la innovación, una conexión esencial que te permite inspirar a otros de manera auténtica. En el próximo capítulo, descubrirás el secreto que hace que las relaciones se fortalezcan y que los equipos trabajen unidos. Es una habilidad poderosa, sutil y capaz de transformar el liderazgo desde adentro.

CAPÍTULO 7
EMPATÍA, EL PUENTE PARA CONECTAR CON LOS DEMÁS

Satya Nadella, presidente y director ejecutivo de Microsoft, no solo le dio un giro a la empresa, sino que cambió algo mucho más profundo: su cultura. Llegó en un momento en que la compañía parecía como un barco encallado, luchando contra las olas de la competencia. Pero Satya no se centró solo en nuevas tecnologías o estrategias comerciales. No, él entendió que el verdadero cambio tenía que empezar con las personas que daban vida a la empresa.

Su enfoque no vino de un manual de negocios, sino de su propia experiencia. Su hijo nació con parálisis cerebral, y eso le cambió la vida. Aprendió a ponerse en los zapatos de otros, a mirar los desafíos con ojos diferentes, y esa empatía se convirtió en su brújula. Cuando tomó el mando de Microsoft, no llegó a imponer su visión, sino a escuchar. Sí, escuchar, algo tan simple, pero tan poderoso.

En sus primeros días, organizó reuniones con empleados de todos los niveles, no para dar discursos, sino para oír sus ideas, sus preocupaciones, incluso sus frustraciones. No era un "jefe" dando órdenes; era un líder abriendo puertas. En una ocasión, un equipo estaba al borde del colapso con un proyecto que parecía imposible. Satya no llegó con exigencias ni ultimátums. Se sentó con ellos, los escuchó, entendió el problema. Ese pequeño gesto, ese momento de conexión, les devolvió las ganas de seguir, y lo que parecía un fracaso se transformó en innovación.

Lo que nos enseña Satya es claro: la empatía no es una palabra bonita ni un eslogan. Es una herramienta poderosa. Cuando un líder se toma el tiempo de **comprender a su equipo, de valorar sus luchas y celebrar sus logros**, algo mágico sucede. No solo inspiras a trabajar mejor; inspiras a trabajar con el corazón. Y eso, querido lector, es lo que diferencia a un jefe de un verdadero líder.

La empatía, como demostró Nadella, es mirar más allá

de lo que vemos en la superficie. Es estar dispuesto a dar ese primer paso para conocer las historias de quienes nos rodean. Porque cuando alguien se siente comprendido, su lealtad y su entrega crecen de manera natural. No es solo un acto de compasión; es una estrategia que fortalece el equipo desde dentro y lo prepara para enfrentar los desafíos con unidad y determinación.

Como líder, no solo es importante escuchar; debemos aprender a comprender. No basta con recibir la información; debemos conectar con el mensaje que hay detrás, ponernos en los zapatos del otro y ver el mundo desde su perspectiva. La empatía no solo crea relaciones; también es una herramienta poderosa para construir un equipo fuerte y motivado. Si quieres motivar a alguien, primero necesitas entender su historia.

En mis conferencias y cursos, comparto siempre esta enseñanza: la empatía no es un talento innato, sino una habilidad que podemos desarrollar. Al aprender a ver el mundo desde los ojos de otros, construimos puentes de confianza, y ese vínculo es lo que marca la diferencia entre un grupo de trabajo y un equipo unido. Cuando ayudas a otros a sentirse escuchados, estás sembrando una semilla que dará frutos en el rendimiento y en la cohesión de tu equipo.

Poco a poco, empecé a aplicar esta práctica con todo el equipo. En lugar de dar órdenes directas o asumir que todos entendían lo mismo, les preguntaba cómo se sentían con las tareas, si tenían alguna duda o si algo los preocupaba. Empecé a notar que, con solo preguntar, la actitud de todos cambiaba. Al sentirse escuchados, también estaban más dispuestos a dar lo mejor de sí. Aprendí que la empatía es una puerta que se abre para que fluya la comunicación y la cooperación. Sin esa conexión, el trabajo en equipo se convierte en una serie de transacciones sin alma.

Un líder que practica la empatía no es solo un jefe; es un guía, alguien en quien se puede confiar. Y cuando se establece esa confianza, el equipo responde con compromiso y con lealtad. Es como si cada uno de ellos dijera: "Sé que me entiendes, así que haré mi parte". Eso es lo que logran los líderes empáticos. Ellos crean un ambiente donde todos se sienten valorados, y esa valoración es la base para cualquier proyecto exitoso.

La empatía también me enseñó que no todo se trata de productividad y resultados. Hay momentos en los que lo más importante que puedes ofrecer a tu equipo es un espacio seguro para expresar sus preocupaciones. Como líderes, es fácil olvidar que cada miembro de un equipo tiene una vida fuera de la oficina, desafíos personales y metas propias. Cuando un líder es capaz de ver a cada persona en su totalidad, no solo se gana su respeto, sino también su lealtad y compromiso.

Liderazgo con Empatía en Tiempos de Crisis

Isidre Fainé, el visionario empresario y expresidente de CaixaBank en España, dejó una huella profunda al liderar con lo que él llamó "gestión con alma". Este enfoque no se limitaba a números y ganancias; iba más allá, enfocándose en el bienestar de las personas, desde los empleados hasta los clientes. Para Fainé, una empresa no es solo un lugar de trabajo, es como un reloj donde cada engranaje importa, y ese engranaje son las personas.

Un ejemplo claro de su liderazgo humano ocurrió durante la crisis financiera de 2008, una época que parecía ser el fin del mundo para muchos. En lugar de tomar decisiones frías y cortantes, como recortes masivos de personal, Fainé optó por escuchar. Organizó reuniones con sus empleados para entender sus miedos y preocupaciones. Quería conocer lo que pasaba en sus corazones, no solo en sus escritorios.

Entre sus medidas más memorables estuvo implementar un programa de reestructuración laboral en lugar de despedir a su gente. Buscó recolocarlos dentro de la empresa, dándoles opciones para no perder su sustento. Además, creó programas de desarrollo profesional que demostraban que no estaban solos, que su bienestar era una prioridad, incluso cuando las cosas iban mal.

¿El resultado? Los empleados no solo se sintieron protegidos, se sintieron valorados. Y cuando alguien te valora, das lo mejor de ti, incluso en medio de la tormenta. Esa actitud de Fainé generó un compromiso inquebrantable entre su equipo, construyendo una base sólida que sobrevivió a la crisis.

La historia de Isidre Fainé nos recuerda que liderar con empatía no es un lujo, es una necesidad. Él no veía números en una hoja de Excel; veía personas con sueños, temores y esperanzas. Y en ese acto de empatía, construyó algo más grande que una empresa: construyó confianza.

Querido lector, en mis talleres y conferencias me gusta también hablar de esto, porque la empatía no solo transforma empresas... ¡transforma vidas! Cuando aprendes a liderar desde el corazón, el ambiente cambia, las personas florecen, y juntos alcanzamos lo inimaginable. ¿Te animas a ser ese líder que pone a las personas en el centro?

Para los líderes que desean llevar a sus equipos a nuevos niveles, la empatía es una herramienta invaluable. No solo les permite motivar y comprender, sino que también establece una cultura de respeto y de apoyo mutuo. En este camino, descubrí que la empatía es una de las habilidades más poderosas que podemos desarrollar. Porque cuando un líder escucha, no solo mejora el ambiente de trabajo, sino que también despierta lo mejor en cada miembro del equipo.

A veces, lo único que necesitan quienes nos rodean es saber que estamos dispuestos a escucharlos. Esa simple disposición puede cambiarlo todo. Porque al final, el verdadero éxito de un líder no se mide solo en resultados, sino en el impacto que tiene en la vida de su equipo. La empatía es el valor que permite que cada persona se sienta vista, escuchada y valorada. Y cuando las personas se sienten valoradas, la productividad y el compromiso se elevan de manera natural.

Así que, si quieres ser un líder que inspire y que conecte, empieza por escuchar de verdad. No te limites a oír; busca entender el contexto, las emociones y las historias detrás de cada persona. Con cada acto de empatía, fortaleces a tu equipo y a ti mismo como líder. Porque, al final del día, la empatía no solo construye un equipo sólido; también construye líderes que inspiran.

Ahora, antes de cerrar este capítulo, déjame dejarte con una pregunta: ¿te has preguntado alguna vez qué diferencia a los grandes líderes de los buenos? Hay un elemento que transforma cada mensaje y cada interacción en algo poderoso y claro, y es una habilidad que define el liderazgo efectivo. En el próximo capítulo, descubrirás el secreto para comunicarte con claridad y lograr que tus palabras realmente lleguen al corazón de tu equipo.

Es algo que, cuando lo aplicas bien, puede cambiar la dinámica de cualquier grupo, llevándolos a una cohesión y un entendimiento profundo que pocos alcanzan.

CAPÍTULO 8
COMUNICACIÓN EFECTIVA, EL ARTE DE CONECTAR CON CLARIDAD

En 2006, Ford estaba en crisis. La empresa se hundía en números rojos, los clientes no querían sus productos y el ambiente laboral parecía un barco sin timón. Fue entonces cuando Alan Mulally asumió el mando como presidente y director ejecutivo. Desde el primer día, Mulally entendió que para salvar a Ford necesitaba algo más que planes bonitos en papel. La clave, lo supo de inmediato, estaba en construir un diálogo honesto, abierto y directo con todos, desde los directores hasta los empleados en la línea de ensamblaje. Sin esa conexión, no habría salvación posible.

Lo primero que hizo fue instaurar las reuniones semanales de Revisión del Plan de Negocios, donde cada líder debía mostrar cómo iban las cosas en su área. Al principio, nadie quería admitir problemas. La cultura de Ford castigaba los errores como si fueran derrotas, y reconocer un fallo era como firmar tu sentencia. Mulally descubrió esto y decidió cambiar el juego. En lugar de criticar o castigar, fue el primero en mostrar empatía y apertura. Animó a todos a hablar con la verdad, dejando claro que los errores no serían motivo de regaño, sino oportunidades para crecer.

Un momento clave llegó cuando un ejecutivo presentó un reporte "en rojo", admitiendo fallas serias en su proyecto. En lugar de reprocharlo, Mulally lo aplaudió frente a todos y lo felicitó por su honestidad. Este gesto rompió el hielo, y la sala entendió el mensaje: hablar de los problemas no era debilidad, era liderazgo. Esa simple acción cambió la cultura de Ford, promoviendo una transparencia que antes parecía imposible.

A lo largo de su gestión, Mulally mantuvo esta comunicación clara y efectiva. Cada mensaje, cada conversación tenía un propósito: construir confianza y valorar las ideas del equipo. Esto no solo resolvió problemas técnicos; unió a la empresa como nunca antes. Bajo su liderazgo, Ford no solo superó su crisis financiera, sino que se transformó en un ejemplo de cómo el poder de una comunicación honesta puede cambiarlo todo.

La historia de Mulally nos enseña que comunicar bien no es solo dar órdenes o mandar correos con instrucciones. Es mirar a la gente a los ojos, escuchar con atención y transmitir mensajes que conecten con el corazón. En Ford, la transparencia se convirtió en el motor del cambio. Y esto nos recuerda que un líder que comunica con claridad no solo logra resultados; también construye un equipo unido, motivado y capaz de enfrentar cualquier desafío. Porque al final del día, una comunicación efectiva no solo informa, inspira y une.

La comunicación es un arte, un puente entre lo que pensamos y lo que los demás entienden. Como líderes, nuestra labor es hacer que ese puente sea lo más claro y sólido posible. En su libro Comunicación No Violenta, Marshall Rosenberg nos recuerda que las palabras no solo deben expresar una idea, sino también una intención. Él menciona cómo un líder debe aprender a escuchar y ajustar su lenguaje de acuerdo con la persona que tiene en frente. No se trata de hablar, sino de conectar de forma honesta y sincera.

La comunicación efectiva también implica ajustar nuestro tono y lenguaje corporal. Me he dado cuenta, en mis años de experiencia, que un líder no solo se comunica con palabras; su presencia, su postura, su mirada, todo comunica algo. A veces, un simple gesto puede reforzar una idea o, por el contrario, contradecirla. El lenguaje no verbal es un aspecto fundamental que muchos subestiman. Puedes decir "confío en ti", pero si no mantienes el contacto visual o si tus brazos están cruzados, el mensaje se pierde.

Recuerdo cuando trabajé con un equipo que atravesaba un momento complicado. La comunicación entre ellos era caótica, y eso se reflejaba en los resultados. Decidí intervenir y organizar una reunión en la que cada miembro pudiera expresar sus ideas sin interrupciones. Al principio, todos parecían tensos, inseguros de compartir lo que realmente pensaban. Entonces, los escuché atentamente y ajusté mi lenguaje a uno más amigable y cercano. Poco a poco, cada uno se sintió en confianza para expresar sus preocupaciones. Fue increíble ver cómo, al final de esa sesión, el ambiente cambió. No solo había más claridad, sino una sensación de equipo renovada.

Escuchar activamente es otro pilar fundamental de la comunicación efectiva. Un líder que escucha es un líder que entiende. No se trata de esperar a que el otro termine de hablar para responder, sino de recibir el mensaje completo, de observar las emociones y de estar presente en cada palabra. Escuchar permite descubrir lo que el equipo realmente necesita, y eso hace que cada decisión esté alineada con el bienestar colectivo.

Ser claro y preciso al hablar también es crucial. A veces, en nuestro afán de explicar, terminamos dando rodeos o usando términos que confunden más que ayudar. Un buen líder sabe simplificar su mensaje, expresar una idea de forma directa y fácil de entender. La claridad es como una brújula para el equipo; permite que todos tengan el mismo enfoque, que sepan hacia dónde van y por qué es importante llegar ahí.

La comunicación efectiva también significa saber adaptar nuestro estilo al contexto y a la persona con la que hablamos. No todos entenderán de la misma manera, y no todos responderán al mismo tono. Algunos necesitan más detalles; otros, menos. Algunos se sienten más cómodos con un enfoque directo; otros, prefieren una comunicación más sutil. Como líderes, debemos ser flexibles y observadores, capaces de ajustar nuestra forma de comunicar en función de las necesidades de cada situación.

Además, la comunicación efectiva nos permite construir relaciones de confianza. Cuando alguien sabe que puede hablar contigo y que será comprendido, esa persona se siente valorada. Esa es la base para que un equipo funcione: cada miembro debe sentir que sus ideas son bienvenidas, que su voz cuenta. Y cuando eso sucede, no solo se mejora la productividad; también se crea un ambiente donde todos se sienten parte de algo más grande.

Como líderes, necesitamos dominar el arte de la comunicación efectiva. No se trata de hacer discursos impresionantes o de usar palabras complicadas. Se trata de hablar con el corazón, de ser honestos y de mostrar interés genuino en los demás. Porque, al final, la verdadera comunicación se basa en el respeto mutuo, en entender que cada persona tiene una historia, un punto de vista y una forma única de ver el mundo.

Así que, si quieres ser un líder que inspire, empieza por comunicarte con claridad, con paciencia y con empatía. Asegúrate de que tu equipo entienda no solo lo que dices, sino también por qué lo dices. Practica la escucha activa, ajusta tu tono y tus palabras, y muestra siempre una disposición abierta a recibir sus ideas. Cuando logras comunicarte de manera efectiva, creas una conexión genuina y duradera, y esa conexión es la clave para cualquier proyecto exitoso.

Antes de cerrar este capítulo, déjame dejarte con una idea: hay algo en el liderazgo que no se trata solo de hablar o de escuchar. Es un valor que va más allá de las palabras y que crea una unión especial entre las personas. En el siguiente capítulo, descubrirás un principio fundamental que fortalece la relación entre un líder y su equipo. Es lo que construye una base firme de respeto y que hace que el equipo trabaje unido, como si fuera una sola familia.

CAPÍTULO 9
LEALTAD, EL VÍNCULO INQUEBRANTABLE ENTRE LÍDER Y EQUIPO

Amancio Ortega, nacido en una familia humilde en Galicia, España, comenzó su carrera desde los cimientos, como aprendiz en una pequeña tienda de ropa. Con una visión clara y una determinación inquebrantable, fue avanzando hasta convertirse en el fundador de Inditex y en el creador de Zara, una de las marcas de moda más reconocidas a nivel mundial. Sin embargo, más allá de su habilidad empresarial, fue su lealtad hacia quienes lo rodeaban lo que verdaderamente cimentó su éxito y generó una confianza profunda en todos aquellos que lo acompañaron en su camino.

Ortega es conocido no solo por su talento empresarial, sino por el respeto y la lealtad que demuestra hacia sus empleados, muchos de los cuales han estado a su lado desde los inicios de Inditex. En los años de crecimiento de Zara, cuando la compañía aún era un proyecto pequeño en La Coruña, Ortega estableció una cultura de trabajo basada en la cercanía y el respeto mutuo. Era un líder que no veía a sus empleados como números, sino como parte de una gran familia. En aquellos años iniciales, se preocupaba por cada detalle y, sobre todo, por cada persona que le ayudaba a sacar adelante su sueño.

Una historia famosa de su lealtad hacia su equipo sucedió durante una crisis económica que afectó a España. En lugar de reducir personal o ajustar sueldos, como muchas otras empresas, Ortega decidió buscar maneras creativas de mantener a sus empleados. Se negó a hacer recortes, convencido de que su equipo había sido fundamental en el crecimiento de la empresa y que su lealtad hacia ellos debía ser incondicional. Para Ortega, sus empleados no eran simplemente trabajadores, sino compañeros que habían contribuido a convertir su visión en realidad. Esto generó en su equipo una confianza profunda en él y en su liderazgo, y fue esa relación de lealtad la que permitió que Inditex se mantuviera fuerte en momentos de dificultad.

Otro ejemplo de su compromiso fue cuando, en lugar de centralizar las decisiones en una estructura jerárquica, Ortega buscó integrar a sus empleados en el proceso de toma de decisiones. Escuchaba activamente las opiniones de su equipo, desde los diseñadores hasta quienes trabajaban en las tiendas, sabiendo que cada uno de ellos tenía una perspectiva valiosa sobre cómo mejorar y conectar con el cliente. Esta práctica no solo consolidó la lealtad de sus empleados hacia él, sino que también generó una cultura organizacional en la que cada persona se sentía valorada y respetada. Esa cercanía que Ortega cultivó no era algo común en las grandes empresas, pero en Inditex, formó el núcleo de su éxito.

Esta lealtad no era solo una política de trabajo, sino una filosofía que Ortega demostraba en su trato diario. Era conocido por recorrer las tiendas, conversar con los empleados y saber sus nombres y sus historias. Para Ortega, la lealtad no era un simple concepto, sino un valor tangible, una serie de acciones diarias que mostraban que la empresa era tanto de él como de cada uno de los que trabajaban allí.

Amancio Ortega nos enseña que la lealtad en un líder no solo se demuestra en los buenos momentos, cuando el éxito está garantizado y las cosas marchan bien, sino especialmente cuando la situación se pone difícil. Un líder leal es el que permanece firme, el que no se desmorona ante los desafíos y demuestra, con hechos, que el compromiso hacia su equipo es real. Y, al final, esa lealtad se convierte en la base de una relación sólida y de confianza entre el líder y sus colaboradores.

La historia de Ortega nos recuerda que, como líderes, la lealtad es más que una palabra; es una promesa diaria que hacemos con nuestro equipo. Es esa fuerza invisible que permite que un grupo de personas se una con un propósito común, sabiendo que, pase lo que pase, el líder estará a su lado.

A lo largo de mis años de trabajo con diferentes equipos y líderes, he visto cómo la lealtad puede ser el pilar más sólido para el éxito. Los equipos que están unidos por la lealtad son más resilientes, más capaces de enfrentar retos sin desfallecer. Cuando un líder es leal a sus valores, a su equipo y a su misión, esa lealtad se contagia y se expande, creando una cultura de confianza y compromiso.

He tenido el honor de trabajar con líderes en coaching y en mis conferencias que desean fortalecer la lealtad en sus equipos. Siempre les digo que la lealtad no se exige; se inspira. No basta con pedir que el equipo esté comprometido; hay que demostrarles con hechos que uno mismo está dispuesto a dar el primer paso, a poner en primer lugar el bienestar de todos. Y cuando un equipo ve que su líder es leal, responde con la misma lealtad, creando una cadena de confianza que se vuelve inquebrantable.

Ser un líder leal también implica respetar los valores que guían a la organización. Si esos valores son claros y consistentes, el equipo sabrá a qué atenerse y estará más dispuesto a comprometerse. La lealtad es, en última instancia, el reflejo de una integridad que no se quiebra, de una convicción que va más allá de los intereses personales.

La lealtad no siempre se muestra en grandes gestos; muchas veces, está en los pequeños detalles. Está en quedarse después de horas para ayudar a un compañero, en defender a alguien cuando otros lo critican, en cumplir con nuestras promesas y en estar presentes, sin importar las circunstancias. Cuando un líder muestra lealtad en esos pequeños momentos, cada miembro del equipo sabe que puede contar con él en los grandes desafíos.

A veces, la lealtad requiere sacrificios, pero esos sacrificios son los que fortalecen el vínculo entre el líder y su equipo. No es solo un deber; es una elección que refuerza la relación y construye una base sólida sobre la cual todos pueden confiar. He visto cómo, en situaciones difíciles, los equipos que están unidos por la lealtad son capaces de sobrellevar cualquier obstáculo, porque saben que cuentan con el respaldo incondicional de quienes los lideran.

Para los líderes que asisten a mis talleres, siempre subrayo que la lealtad es uno de los valores que más se recuerdan. No es algo que pasa desapercibido; es un sello que queda grabado en cada miembro del equipo. Cuando un líder es leal, deja una huella en las personas, una huella que se convierte en gratitud, respeto y, sobre todo, confianza.

Porque la lealtad, al final, es lo que le da sentido a la relación entre un líder y su equipo. Es la certeza de que, pase lo que pase, siempre habrá alguien dispuesto a apoyar, a dar la mano y a caminar juntos. Esa certeza es invaluable, y es lo que hace que un equipo se convierta en una verdadera comunidad, en una familia.

Ahora bien, antes de continuar, quiero hacerte una pregunta importante: ¿qué pasa cuando una persona siente que puede confiar plenamente en su equipo? En el próximo capítulo, descubrirás cómo se construye un ambiente donde todos se apoyan mutuamente, un lugar donde nadie se queda solo y donde el trabajo en equipo se convierte en una fortaleza invencible. Es una lección que va más allá de las palabras y que transforma cualquier grupo en una fuerza imparable. No dejes de leer...

CAPÍTULO 10
SOLIDARIDAD, EL ESPÍRITU QUE FORTALECE AL EQUIPO

En 2010, 33 mineros chilenos quedaron atrapados en la mina San José, a más de 700 metros bajo tierra, en el desierto de Atacama. Lo que empezó como un día normal de trabajo se convirtió en una pesadilla cuando un derrumbe selló su salida. En cuestión de horas, su historia pasó de ser un accidente más a un evento que movió al mundo entero. Pero lo que realmente marcó esta tragedia no fue el derrumbe, sino la lección de solidaridad que brotó en la oscuridad y que jamás se olvidará.

Imagínate estar ahí, sin luz, sin espacio, con el silencio pesado como una roca y el aire lleno de incertidumbre. En lugar de dejarse llevar por el pánico, esos hombres hicieron lo impensable: se organizaron. Convirtieron su miedo en fuerza y su aislamiento en unidad. Dividieron la comida y el agua en porciones mínimas, comprometiéndose a cuidarse entre ellos. Su lema, "Todos salimos juntos, o no sale nadie", era más que palabras; era el motor que los mantenía vivos.

Arriba, la solidaridad vibraba igual de fuerte. Las familias montaron el "Campamento Esperanza" justo frente a la mina. Cada día, entre lágrimas y abrazos, se animaban unos a otros a no perder la fe. Ese campamento no era solo un refugio, era un símbolo de lo que la unión puede lograr en los momentos más oscuros. Mientras tanto, equipos de rescate de todo el mundo unieron fuerzas, trayendo tecnología, experiencia y esperanza.

Durante 69 días, el mundo entero sostuvo la respiración. Cuando el primer minero salió, fue como si el planeta entero exhalara de alivio y alegría. Uno por uno, los 33 emergieron, sanos y salvos, con una historia que cambió vidas.

Esta no es solo una historia de supervivencia; es un recordatorio de que la solidaridad es el alma de cualquier equipo. En los momentos más difíciles, cuando todo parece perdido, unirnos y apoyarnos es lo que nos hace invencibles. Porque cuando caminamos juntos, no importa cuán pesado sea el camino, siempre llegamos más lejos.

La solidaridad es más que ayudar a alguien en momentos de necesidad; es entender que el éxito de uno es el éxito de todos. Cuando el equipo trabaja como un solo ente, apoyándose mutuamente, se crea un ambiente de confianza y respeto. En el libro *Liderazgo y Trabajo en Equipo*, de John C. Maxwell, el autor nos recuerda que el liderazgo no se trata de tener seguidores, sino de inspirar a otros a trabajar juntos hacia un objetivo común. Maxwell señala que los equipos fuertes se construyen cuando cada miembro sabe que puede confiar en los demás, cuando la solidaridad es parte de la cultura.

La solidaridad también implica entender que cada uno de nosotros tiene habilidades únicas que pueden complementar el trabajo de otros. No se trata de competir, sino de colaborar, de poner al servicio del equipo lo mejor de cada uno. He visto cómo la solidaridad transforma el ambiente laboral, y convierte un grupo de personas en un equipo que realmente se cuida. Cuando un líder fomenta la solidaridad, cada miembro se siente valorado, porque sabe que puede contar con los demás.

La solidaridad no siempre se demuestra en grandes acciones. Muchas veces, está en los pequeños detalles, en estar ahí cuando alguien necesita una mano, en ofrecer apoyo sin esperar nada a cambio. Esa disposición genera una energía que motiva a todos y hace que el trabajo sea más agradable. Porque cuando alguien sabe que su equipo está con él, enfrenta los desafíos con una actitud distinta, con la certeza de que no está solo.

A lo largo de los años, he trabajado con líderes que comprendieron la importancia de este valor. Cuando la solidaridad es parte de la cultura, el equipo responde con mayor compromiso y entrega. Cada miembro siente que su trabajo tiene sentido y que contribuye a un objetivo compartido. La solidaridad no solo fortalece la cohesión del grupo; también construye un ambiente donde todos se sienten parte de algo más grande.

Como líder, es fundamental fomentar este valor. No basta con decir que somos un equipo; hay que demostrarlo con acciones. La verdadera solidaridad se construye día a día, con cada gesto de apoyo, con cada esfuerzo por hacer que el camino sea más fácil para los demás. Un equipo solidario no solo logra sus objetivos; también supera cualquier obstáculo, porque está respaldado por una fuerza que va más allá de las metas individuales.

Al final, la solidaridad es un lazo que une y fortalece. Un líder que inspira este valor deja una huella profunda en su equipo, porque enseña que el éxito no es algo que se alcanza solo. Es el resultado de un esfuerzo compartido, de una cadena de apoyo que hace que todos avancen al mismo ritmo. La solidaridad es ese impulso que le da sentido al trabajo, que lo convierte en una experiencia enriquecedora para todos.

Ahora, antes de que cierres este capítulo, déjame invitarte a reflexionar sobre algo importante: ¿qué sucede cuando cada miembro de un equipo se siente realmente valorado y respetado por lo que es, cuando sabe que su voz cuenta y que sus ideas importan? En el próximo capítulo, descubrirás un principio fundamental que transforma cualquier grupo en un lugar donde todos se sienten bienvenidos, un ambiente en el que cada persona encuentra un espacio para crecer y aportar lo mejor de sí misma.

CAPÍTULO 11
INCLUSIÓN, EL VALOR DE HACER PARTE A TODOS

Cuando la pandemia golpeó al mundo en 2020, trastocando nuestras vidas y la forma en que trabajábamos, las empresas se vieron obligadas a reinventarse para sobrevivir. Cabify, la plataforma de movilidad de origen español, fue una de ellas. Lo que hace única esta historia es cómo la inclusión y la diversidad se transformaron en la mayor fortaleza de la compañía para enfrentar la crisis.

Cabify ya había integrado en su cultura la idea de que cada colaborador, sin importar su origen o experiencia, tenía algo valioso que aportar. Esta filosofía se reflejaba en sus oficinas, donde se encontraban personas de diferentes nacionalidades, culturas y niveles socioeconómicos, cada una con una perspectiva única. Cuando llegó la pandemia, en lugar de centrarse solo en soluciones convencionales,

Cabify promovió una serie de reuniones abiertas donde cada empleado, sin importar su rol o jerarquía, podía aportar ideas y expresar sus preocupaciones.

Uno de los empleados, un conductor de origen boliviano que llevaba años trabajando para la plataforma, se atrevió a compartir una idea que, en circunstancias normales, podría haber sido ignorada. Durante una de estas sesiones, propuso una iniciativa para que los conductores ofrecieran servicios de entrega a domicilio, ya que muchos estaban viendo disminuidos sus ingresos por la falta de pasajeros. Cabify no solo escuchó su idea, sino que la implementó rápidamente. Así nació el servicio de Cabify Envíos, que no solo ayudó a la empresa a generar ingresos en un momento crítico, sino que también dio a los conductores una fuente de trabajo estable en medio de la incertidumbre.

Este acto de inclusión tuvo un efecto dominó dentro de la empresa. Inspirados por el ejemplo de este conductor, otros empleados comenzaron a participar más activamente, aportando ideas y soluciones que permitieron a Cabify adaptarse de manera ágil a los cambios de demanda y mantener su compromiso con la movilidad sostenible. Desde diseñadores hasta ingenieros de software y personal de soporte, todos sentían que sus voces eran escuchadas, y eso fortaleció un sentido de pertenencia y lealtad hacia la empresa.

Cabify mostró que la inclusión no es solo una palabra en un manual de cultura organizacional; es la base para construir un equipo resiliente y creativo. Al valorar cada perspectiva, sin importar el rol o el lugar de procedencia, lograron no solo adaptarse a una situación adversa, sino también fortalecer su posición en el mercado. La experiencia de Cabify durante la pandemia es un claro ejemplo de cómo la inclusión en el lugar de trabajo puede ser un motor de innovación y un recurso invaluable en tiempos de crisis.

Esta historia nos enseña que un líder que fomenta la inclusión tiene el poder de transformar la dinámica de su equipo, alentando a que cada miembro sienta que sus ideas y experiencias son valiosas. Cuando una organización fomenta una verdadera cultura de inclusión, cada individuo se convierte en una pieza vital que, en conjunto, crea una imagen completa y poderosa.

He trabajado con líderes que me han compartido sus desafíos para fomentar la inclusión en sus equipos. En mis sesiones de coaching y en mis conferencias, siempre hago hincapié en que la inclusión no es solo un acto de justicia; es también una estrategia que impulsa el crecimiento y la innovación. Al incluir a todos, permitimos que el equipo se nutra de las experiencias, conocimientos y habilidades únicas de cada persona. Esa mezcla es lo que convierte a un grupo en un verdadero equipo.

Un líder que promueve la inclusión sabe que cada persona tiene algo único para aportar. No importa su edad, su experiencia o su puesto dentro de la organización. Todos, sin excepción, tienen algo que enseñar y algo que aprender. Al incluir a cada miembro, el líder envía un mensaje claro: "Tu contribución es valiosa y merece ser escuchada". Esa es la base para un ambiente de respeto y de apertura, donde todos se sienten seguros para expresar sus ideas.

La inclusión también implica estar dispuesto a escuchar puntos de vista diferentes, aunque no siempre estemos de acuerdo. A veces, las ideas más valiosas provienen de aquellos que piensan de manera distinta a la nuestra.

Un equipo inclusivo es un equipo que no teme a las diferencias, sino que las celebra y las utiliza como una herramienta para mejorar. Porque cuando cada miembro se siente respetado y valorado, el equipo se fortalece y es capaz de enfrentar cualquier desafío.

Con el tiempo, aprendí que la inclusión es un proceso constante, una práctica que requiere paciencia y compromiso. No se trata de hacer que todos piensen igual, sino de darles la libertad de ser ellos mismos dentro del equipo. Y ese es el verdadero poder de la inclusión: la libertad de ser auténticos, de aportar sin miedo, de saber que nuestro lugar en el equipo está asegurado.

Ser un líder inclusivo va mucho más allá de solo abrir la puerta a diferentes personas. Se trata de construir un espacio donde cada individuo sienta que su presencia y su voz tienen valor, que su historia importa. La verdadera inclusión sucede cuando logramos ver el potencial único de cada persona, no solo por lo que hace, sino por todo lo que representa. Es ese tipo de liderazgo que transforma equipos, convierte entornos de trabajo en comunidades y eleva los resultados más allá de lo esperado.

Cuando cada miembro de un equipo se siente valorado, algo poderoso ocurre: surge un sentimiento de pertenencia, una conexión genuina que une a las personas en un objetivo común. Imagina un equipo donde cada uno sabe que su contribución no solo es bienvenida, sino apreciada. Esa seguridad alimenta la creatividad, el compromiso y la disposición a dar lo mejor de sí, porque cada persona sabe que su esfuerzo no será invisible ni ignorado. La inclusión es, en ese sentido, un acto de generosidad del líder hacia su equipo, una promesa de que cada individuo tiene un lugar y una misión en el conjunto.

Como líderes, nuestra tarea no es saberlo todo ni tener todas las respuestas. Nuestra tarea es cultivar una disposición constante a escuchar, a aprender, a recibir las ideas y experiencias de cada persona sin juzgar de antemano. Porque cada voz trae consigo una perspectiva nueva y única, una chispa que enriquece al equipo y lo fortalece. Un líder inclusivo entiende que su rol no es brillar por sí mismo, sino hacer que cada persona brille en su espacio, en sus fortalezas y en su propia contribución.

La magia de un equipo inclusivo es que no solo se enriquece en su diversidad; también se hace resiliente en los momentos difíciles. Cuando hay diversidad de pensamiento y respeto mutuo, el equipo no se rompe ante los retos, sino que encuentra en su variedad la solución a cada problema, la respuesta a cada desafío. Ese es el verdadero poder de la inclusión: un equipo más fuerte, más creativo y más unido.

Ahora bien, antes de que cerremos este capítulo, quiero invitarte a reflexionar sobre algo fundamental: ¿qué diferencia a un líder común de uno que sabe tomar decisiones que resuenan en el equipo y en la organización? En el próximo capítulo, descubrirás un principio esencial que permite a los líderes actuar con claridad, con juicio y con una visión que va más allá de lo evidente. Es una habilidad que pocos desarrollan, pero que tiene el poder de transformar el liderazgo de una forma profunda y duradera.

CAPÍTULO 12
SABIDURÍA, LA BRÚJULA DEL BUEN LÍDER

En la historia antigua, hay un personaje cuya sabiduría ha marcado la humanidad, y esa es una lección que llevo siempre en el corazón: el rey Salomón. Cuando pienso en liderazgo, pienso en cómo este hombre, hijo del rey David, llegó al trono en una época de desafíos monumentales. Era joven y enfrentaba la gran responsabilidad de gobernar a su pueblo. Sabía que, para liderar bien, necesitaría algo mucho más profundo que poder o riqueza. Sabía que lo que necesitaba era sabiduría.

Una noche, se cuenta que Dios se le apareció en sueños y le dijo: "Pide lo que quieras que yo te dé." Ahora, piensen en esto: Salomón podría haber pedido cualquier cosa. Podría haber pedido una larga vida, abundante riqueza o poder sobre sus enemigos. Pero él, en cambio, pidió sabiduría, la capacidad de discernir, de comprender el bien y el mal, para gobernar con justicia. Esto le complació tanto a Dios que no solo le dio un corazón sabio, sino también las riquezas y el honor que no pidió.

Uno de los relatos más impresionantes sobre la sabiduría de Salomón es el famoso juicio entre dos mujeres que reclamaban ser la madre de un niño. Ambas decían que el bebé era suyo, y Salomón, sin evidencia alguna, no podía saber quién decía la verdad. Entonces, ordenó que trajeran una espada y dijo: "Partan al niño en dos, y den una mitad a cada mujer". Una de ellas gritó al instante: "¡No, mi señor! Dale el niño a ella, pero no lo maten". La otra, sin embargo, aceptó la división. Ahí mismo, Salomón supo quién era la verdadera madre, porque el amor verdadero sacrifica todo. Este fue uno de los momentos que me marcó sobre el valor de la sabiduría.

La sabiduría es mucho más que conocer respuestas o saber mucho. La sabiduría es poder ver más allá de lo evidente, es escuchar las palabras y también los silencios. Es tener la capacidad de leer el corazón humano y actuar con justicia. La sabiduría no viene de acumular experiencias sin más; viene de reflexionar, de detenernos, de considerar todas las perspectivas antes de actuar.

Yo creo que, como líderes, todos debemos aspirar a esa sabiduría profunda que va más allá de los conocimientos técnicos. Un mundo como el nuestro, lleno de ruido y de distracciones, necesita líderes que sean capaces de ver con claridad, de tomar decisiones que beneficien a todos y no solo a unos pocos. Esta sabiduría es solo para quienes quieren dejar una huella de integridad y justicia.

La vida de Salomón también me recuerda que la verdadera sabiduría siempre viene acompañada de humildad. Porque un líder que solo busca su propio beneficio o que se cree superior a los demás no puede liderar con justicia. Salomón tenía poder, riquezas, todo lo que alguien podría desear, pero siempre entendió que su papel era servir a su pueblo y no a sí mismo. Eso es lo que distingue a un verdadero líder: alguien que pone lo mejor de sí al servicio de los demás, usando su conocimiento y experiencia no para cumplir sus propios deseos, sino para construir algo que beneficie a todos. Un líder así no se guía por lo que quiere, sino por lo que su equipo necesita.

En mi experiencia, he visto cómo la sabiduría puede transformar la manera en que lideramos y en que vivimos. La sabiduría nos permite tomar decisiones con calma, sin dejarnos llevar por las emociones del momento, y siempre con la mente en el bienestar de los demás. Nos da la paciencia para escuchar, para entender a nuestro equipo y para buscar soluciones que, aunque a veces no sean las más fáciles, son las más justas.

A lo largo de los años, he aprendido que ser sabio no significa tener todas las respuestas, sino saber cuándo escuchar y cuándo detenerse para observar. Significa estar dispuesto a aceptar que no sabemos todo, a reconocer que cada persona tiene algo que enseñarnos. Esta humildad, lejos de debilitarnos, nos fortalece, porque genera un respeto y una confianza auténticos.

Es por eso que considero la sabiduría como el punto al que todos debemos aspirar. Es la base de un liderazgo verdadero, un liderazgo que va más allá de los éxitos y de los resultados, y que se enfoca en el bienestar de quienes nos rodean. Porque al final, liderar con sabiduría es liderar con el corazón, guiando con respeto y humildad.

Para mí, la sabiduría es la brújula que marca el camino correcto, el valor más alto al que debemos aspirar. La sabiduría es una invitación constante a crecer, a reflexionar y a liderar de una manera que trascienda. Al final, ser sabio es la meta de cada líder que quiere dejar una huella verdadera, una huella que inspire a otros a ser mejores, no solo en el trabajo, sino en cada aspecto de sus vidas.

Más Allá de la Impulsividad

Un líder sabio no se precipita ni actúa desde la impulsividad. Antes de tomar una decisión, analiza cada situación desde todos los ángulos posibles, evalúa los resultados y, lo más importante, considera tanto la experiencia como el conocimiento adquirido a lo largo del camino. Porque la sabiduría es el cimiento sobre el cual se construyen las decisiones que benefician a todos, no solo aquellas que responden a una necesidad inmediata. Un líder sabio comprende que cada elección tiene un impacto, que cada paso debe tomarse con responsabilidad. A veces, es preferible hacer una pausa para reflexionar antes que lamentarse por una decisión tomada a toda prisa.

En *El arte de la prudencia*, Baltasar Gracián nos enseña algo esencial: la prudencia y la sabiduría son inseparables en el liderazgo. Gracián describe la sabiduría como la capacidad de prever las consecuencias de cada acción, de entender que cada elección tiene un eco que puede extenderse más allá del presente. El líder que sabe tomar decisiones con calma y una visión de futuro no solo avanza él, sino que lleva consigo a todo su equipo.

La sabiduría, además, implica saber aprender de los errores. A lo largo de mi carrera, me he enfrentado a momentos en los que las decisiones no fueron las mejores, y cada error dejó una marca, pero también una lección. La sabiduría nos permite transformar cada caída en una oportunidad para mejorar, para fortalecer nuestra capacidad de decidir mejor en el futuro. Un líder sabio entiende que los fracasos no son el fin, sino un paso hacia el crecimiento.

La verdadera sabiduría también sabe cuándo decir "no" o "esperemos un poco más". Vivimos en una época en la que se nos exigen resultados rápidos, donde a veces parece que no hay espacio para detenerse y reflexionar. Sin embargo, los líderes que buscan la sabiduría saben que, en ocasiones, es necesario dar un paso atrás, analizar, consultar y esperar el momento adecuado. Entienden que la prisa es enemiga de la reflexión y que las decisiones impulsivas muchas veces llevan a consecuencias difíciles de corregir.

Un elemento esencial en la sabiduría es la humildad. El líder sabio no actúa desde el ego, sino desde la conciencia de que siempre hay algo por aprender. Sabe que, aunque lleve años de experiencia, no tiene todas las respuestas y que a veces la mejor decisión es escuchar a su equipo. Esa humildad lo impulsa a valorar las ideas de quienes lo rodean y a entender que la colaboración es una de las mayores fortalezas en el liderazgo. La sabiduría nos enseña que nadie puede saberlo todo y que cada persona tiene algo valioso que aportar.

A lo largo de los años, he tenido la fortuna de conocer líderes que encarnan esta sabiduría. Personas que no solo tienen conocimientos, sino que también saben cómo y cuándo aplicarlos, y, sobre todo, cuándo escuchar a los demás. He visto cómo sus equipos crecen bajo su dirección, porque cada decisión que toman está guiada por la responsabilidad y el respeto por todos los miembros. Esa es la esencia del liderazgo sabio: actuar con prudencia, sin apresurarse, comprendiendo que cada elección es una oportunidad para aprender y mejorar.

Como líderes, debemos recordar siempre que cada decisión tiene un peso. La sabiduría nos permite ver el cuadro completo, entender que lo que elegimos hoy afecta el mañana. Nos ayuda a guiar a nuestros equipos con visión y claridad, con la certeza de que cada paso se basa en más que intuición; está cimentado en experiencia, conocimiento y en el deseo de hacer lo correcto para todos.

La sabiduría, en definitiva, es la brújula que orienta cada una de nuestras acciones. Nos proporciona la perspectiva necesaria para avanzar con seguridad, para tomar decisiones sólidas y para inspirar confianza en quienes nos siguen. Porque, al final, la verdadera sabiduría no está en saberlo todo, sino en reconocer nuestras propias limitaciones y en buscar siempre el crecimiento.

Ahora, quiero dejarte con una reflexión que va más allá de todo conocimiento o experiencia. Hay un principio esencial para todo líder: uno que permite crear armonía y resolver cualquier situación, transformando conflictos en oportunidades. En el próximo capítulo, vamos a explorar cómo puedes lograr un ambiente donde todos encuentren soluciones, donde el equipo se fortalezca a través de cada desafío.

CAPÍTULO 13
CONCILIACIÓN, EL ARTE DE CREAR ARMONÍA Y SOLUCIONES

Pensemos en un ejemplo de conciliación que proviene de uno de los empresarios más admirados a nivel mundial: Howard Schultz, exdirector general y presidente de Starbucks. En los años 2000, Starbucks experimentaba un crecimiento sin precedentes, pero este crecimiento rápido trajo consigo tensiones y divisiones en la organización. Directivos y empleados de distintos departamentos comenzaron a chocar en sus visiones sobre la expansión de la marca y la experiencia del cliente. La situación escaló hasta el punto en que algunos empleados temían que la esencia de Starbucks se perdiera en medio de esta expansión acelerada.

Schultz, en lugar de dictar instrucciones o imponer su

visión, optó por un enfoque conciliador que sorprendió a muchos. Convocó a su equipo de liderazgo y a representantes de cada departamento para una serie de conversaciones abiertas y honestas. Su objetivo no era simplemente que acataran sus directrices, sino que comprendieran los desafíos que enfrentaban desde todos los ángulos. Se tomaron varios días en estas reuniones para que cada persona pudiera expresar sus puntos de vista y, sobre todo, sus preocupaciones sobre el futuro de Starbucks.

En este proceso, Schultz mostró una disposición genuina para escuchar y valoró la experiencia y la visión de cada persona en la sala. Con un tono calmado y respetuoso, fue guiando al equipo hacia una solución que no solo respetara el crecimiento de la compañía, sino que también preservara la experiencia del cliente que había sido la esencia de Starbucks desde sus inicios.

Esta historia de Howard Schultz es una muestra de cómo la conciliación no solo resuelve problemas inmediatos, sino que construye un ambiente de respeto y confianza en el que todos se sienten valorados. Al final, Schultz logró no solo calmar las tensiones internas, sino también establecer un camino claro para que Starbucks pudiera crecer sin perder su identidad.

Como líderes, debemos recordar que la conciliación no es una señal de debilidad, sino de fortaleza. Un líder conciliador es aquel que se preocupa por el bienestar del equipo y que entiende que, en ocasiones, la solución más efectiva no es imponer una decisión, sino ayudar a que las partes lleguen a un acuerdo por sí mismas. La conciliación implica escuchar de manera activa, mostrar empatía y buscar siempre una salida que promueva la paz y el entendimiento. Es encontrar una manera de resolver las diferencias sin que nadie sienta que ha perdido.

Durante mi trayectoria trabajando con equipos, he visto cómo el conflicto puede dividir, crear tensiones y bloquear el crecimiento de todos los involucrados. Pero también he sido testigo de cómo un líder conciliador es capaz de transformar esos momentos de tensión en oportunidades de aprendizaje y crecimiento. Un líder que busca la conciliación crea un ambiente en el que las personas sienten que sus opiniones cuentan, que sus problemas son importantes y que el objetivo final es construir algo juntos. Porque, al final, la verdadera conciliación es la que nace del respeto mutuo y de la disposición a entender al otro.

La conciliación también significa estar dispuesto a dejar de lado el ego y a buscar una solución que no solo beneficie a uno, sino a todos. En mis conferencias y talleres, siempre destaco que el líder que promueve la conciliación no se enfoca en ganar la discusión, sino en encontrar la solución. Es alguien que ve más allá de los desacuerdos y se concentra en lo que une a las personas, en el bien común que todos pueden alcanzar si colaboran.

La conciliación es especialmente importante cuando trabajamos con equipos diversos, donde cada persona puede tener una perspectiva y una forma de trabajar diferente. La diversidad es una riqueza, pero también puede ser fuente de conflictos si no se maneja con cuidado. Un líder conciliador entiende que, en medio de las diferencias, también hay grandes oportunidades para aprender y crecer juntos. Al buscar la conciliación, el líder no solo resuelve el conflicto inmediato, sino que también fortalece la cohesión del equipo y crea un ambiente de respeto y armonía.

Es importante recordar que la conciliación no siempre significa que todos estarán de acuerdo, pero sí que todos se sentirán escuchados y respetados. En algunos casos, la solución puede ser un compromiso en el que cada parte ceda un poco para alcanzar un objetivo mayor. Un líder conciliador es quien logra que este proceso se dé de manera fluida y que cada miembro del equipo se sienta satisfecho con el resultado.

Cómo Aplicar la Conciliación en Situaciones Cotidianas

La conciliación es una herramienta poderosa que un líder puede utilizar en momentos de tensión o desacuerdo. Pero, ¿cómo llevarla a cabo en situaciones cotidianas? Aquí te presento tres formas prácticas de aplicar la conciliación en el día a día de tu liderazgo.

Facilita la Comunicación Abierta

Cuando surgen tensiones en el equipo, organiza reuniones donde cada miembro pueda expresar su perspectiva. Escucha sin interrupciones, valorando las opiniones de todos. Esta apertura permite que los conflictos salgan a la luz y se aborden de manera respetuosa. Al final, la conciliación solo es posible si existe una comunicación auténtica y sin filtros.

Busca el Terreno Común

En lugar de centrarte en las diferencias, enfócate en lo que cada miembro del equipo tiene en común. Esto podría ser un objetivo compartido, un interés en común o simplemente el compromiso con el proyecto. Recordarles que están trabajando hacia una misma meta puede reducir las tensiones y facilitar un ambiente de cooperación.

Promueve Compromisos Mutuos

A veces, la conciliación implica que todos cedan un poco. Fomenta que cada parte esté dispuesta a hacer concesiones para alcanzar una solución. Expón cómo el compromiso no solo resuelve el conflicto inmediato, sino que fortalece la unión del equipo y prepara el camino para futuros desafíos. Recuerda que un líder conciliador ayuda a todos a sentirse parte de la solución, no del problema.

Aplicar la conciliación en estas pequeñas acciones diarias construye un ambiente de respeto y confianza, donde cada miembro se siente escuchado y valorado.

Como puedes ver, he querido transmitir en este libro que el liderazgo no es solo cuestión de habilidades o conocimientos técnicos. Un verdadero líder es quien sabe crear un ambiente donde la armonía y la colaboración son la norma, y no la excepción. La conciliación es, en este sentido, la culminación de los valores que hemos explorado en los capítulos anteriores: disciplina, empatía, comunicación, lealtad, solidaridad, inclusión y sabiduría. Cada uno de estos valores construye una base sólida para que el líder pueda mediar, resolver conflictos y guiar a su equipo hacia un futuro compartido.

A través de este decálogo, hemos explorado los pilares que hacen a un líder auténtico, un líder que no solo se enfoca en los resultados, sino en el bienestar de las personas que forman su equipo. Este viaje ha sido una invitación a reflexionar, a crecer y a mejorar, tanto en lo personal como en lo profesional. Porque, al final, el liderazgo verdadero se basa en valores que perduran, en decisiones bien fundamentadas y en la capacidad de guiar con el corazón.

Antes de concluir, quiero dejarte con una última reflexión: recuerda que el liderazgo es una labor continua, una misión en la que cada día tenemos la oportunidad de mejorar y de inspirar a quienes nos rodean. Y cuando aplicamos estos valores en nuestra vida y en nuestro trabajo, nos convertimos en una fuente de motivación, en un ejemplo que otros desean seguir.

He querido que cada capítulo de este libro sea una guía, un recordatorio de que el liderazgo auténtico se construye con valores sólidos, con decisiones conscientes y con un compromiso genuino hacia los demás. No importa en qué situación te encuentres, siempre puedes aplicar estos principios y transformar tu vida y la de quienes te rodean.

Gracias por haber recorrido este camino conmigo. Que cada uno de estos valores te acompañe, y que siempre encuentres en tu liderazgo la oportunidad de crear, inspirar y transformar.

CONCLUSIÓN

EL CAMINO DEL VERDADERO LÍDER

A lo largo de este libro, hemos recorrido un camino que empezó con la disciplina, ese primer peldaño sin el cual no hay progreso ni constancia. La disciplina te impulsa a mantenerte firme cuando otros ceden. Y, de la misma forma, cada capítulo ha sido un peldaño hacia la cúspide del liderazgo, desde la proactividad hasta la conciliación, pasando por valores como la empatía, la lealtad y la solidaridad. Cada valor se entrelaza con los demás, como un lazo que refuerza el compromiso de ser un líder genuino, uno que se preocupa por el crecimiento de su equipo y no solo por los resultados.

El propósito de este decálogo ha sido proporcionarte no solo conocimientos, sino un modelo práctico que puedas llevar a tus decisiones y tus relaciones diarias, en cada reto y en cada éxito. Como empresario, político, deportista, o coach, estos principios no solo te ayudarán a alcanzar tus metas; te permitirán construir una vida y una carrera basadas en valores sólidos, en decisiones bien pensadas y en un liderazgo que inspire.

Si hacemos una revisión rápida de estos diez pilares, vemos cómo cada uno se sostiene sobre el anterior. Disciplina y proactividad son los cimientos, necesarios para construir una estructura sólida. La innovación y la empatía nos enseñan a mirar más allá de lo convencional, mientras que la comunicación efectiva y la lealtad crean la conexión humana esencial en cualquier equipo. Solidaridad e inclusión refuerzan la unión y diversidad dentro del grupo, mientras que la sabiduría y la conciliación son el punto culminante: son esos valores que permiten al líder tomar decisiones justas y resolver conflictos con madurez y visión.

Recordando a Salomón, el hombre que, en su sabiduría, pidió discernimiento antes que poder o riquezas, me doy cuenta de que el liderazgo verdadero sigue este mismo principio: no se trata solo de acumular logros, sino de crear un impacto duradero en la vida de quienes nos rodean. Tal como Salomón utilizó su sabiduría para liderar con justicia y comprensión, así también este decálogo está diseñado para darte las herramientas con las que puedas construir un liderazgo que trascienda.

El liderazgo, como la vida misma, es un aprendizaje constante. A lo largo de mi trayectoria, he aprendido que los verdaderos líderes no nacen, se construyen. Y esta construcción exige no solo conocimientos, sino la habilidad de aplicar cada uno de estos valores con la misma integridad y convicción con las que fueron planteados aquí.

Si algo quiero que recuerdes de este libro, es que ser líder no significa tener todas las respuestas. Significa escuchar, aprender, adaptarse y, sobre todo, entender que nuestro propósito no es brillar solos, sino hacer brillar a quienes nos siguen. Como líderes, nuestra responsabilidad es servir a nuestro equipo, a nuestra comunidad, y a nuestra misión, siempre con la intención de dejar una huella positiva.

Ahora que tienes en tus manos estas herramientas, te invito a aplicarlas. A poner cada valor en práctica, a inspirar a tu equipo y a convertirte en el tipo de líder que cambia no solo resultados, sino vidas. Recuerda que tienes un recurso adicional: visita mi sitio web en www.RomualdoHernandez.com donde encontrarás más recursos que pueden ayudarte a implementar este decálogo de manera efectiva en tu liderazgo diario.

Así que, adelante. Lleva contigo estos valores, pon en práctica lo que has aprendido y sal al mundo con la convicción de que el verdadero éxito está en liderar con propósito y en construir un legado basado en la integridad y en el respeto hacia quienes te rodean. Porque un líder que actúa desde el corazón, guiado por la sabiduría, es un líder que transforma realidades.

ROMUALDO HERNÁNDEZ

Pd: ¿Te gustaría seguir profundizando en estos principios y llevar tu liderazgo al siguiente nivel? Escríbeme EN ESTE MOMENTO y cuéntame qué fue lo que más te impactó de este libro:

WhatsApp: +52 1 415 122 3178

¡Felicidades por haber llegado hasta aquí! Te doy la bienvenida al círculo exclusivo de los líderes con visión y propósito. Ahora solo te falta un paso más: ¡ACTUAR... y empezar hoy!

AGRADECIMIENTOS

Agradezco a Dios por esta gran oportunidad de vida, de fe y esperanza para salir adelante en los diferentes planes y proyectos que he trazado para lograr los objetivos de mi plan de vida.

Agradezco el gran apoyo incondicional de mi familia, mi esposa y mi hija Mariana que en las buenas y en las malas siempre estuvieron dándome una palmadita de inspiración.

A mis padres (QEPD), hermanos, parientes y conocidos, que siempre me han acompañado en mis triunfos y fracasos. Gracias por su gran apoyo incondicional en todos mis proyectos y planes que siempre hemos disfrutado.

Agradezco a mi gran equipo de deportes de la CODE y a la

Comisión Estatal del Deporte del estado de Guanajuato, por la gran sinergia y empatía para lograr los resultados trazados y el gran trabajo en equipo.

A la gobernadora de Guanajuato Libia Dennise García Muñoz Ledo.

A Yendy Cortinas López, directora general de CODE Guanajuato.

Al Dr. Rosalío Antonio Alvarado del Ángel presidente de la FMP.

A Bertha América Chirinos Torres, presidenta de la Asociación de Levantamiento de Pesas de Guanajuato.

A ROMA, por el gran apoyo moral, por haber transformado y Motivado mi vida, por escucharme en todo momento, por hacerme sentir importante y que además unidos somos muy fuertes.

A las diferentes asociaciones deportivas del estado de Guanajuato.

A mis amigos y colaboradores.

ACERCA DEL AUTOR

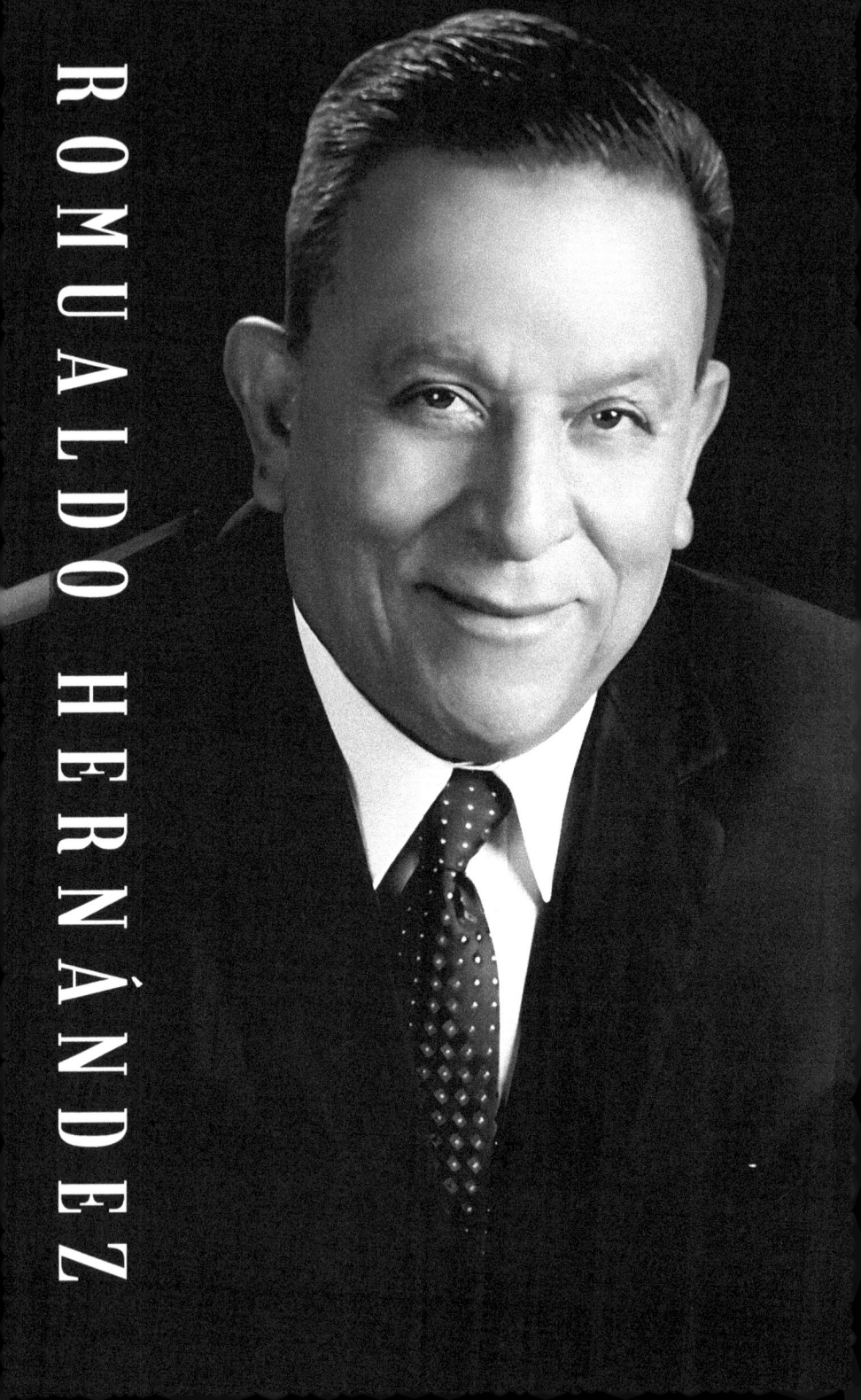

ROMUALDO HERNÀNDEZ

ROMUALDO HERNÁNDEZ es el actual director del deporte estatal en Guanajuato. Es un coach transformador, autor bestseller y un apasionado conferencista sobre liderazgo. Cuenta con una licenciatura en Educación Física del Instituto José Vasconcelos en León y una maestría en Gestión Deportiva de La Salle Bajío. Además, es director técnico de fútbol profesional certificado por la Federación Mexicana de Fútbol. Gracias a estas credenciales, ha ocupado múltiples cargos en el ámbito deportivo, dejando un legado de impacto y excelencia a lo largo de su trayectoria. Entre estos:

Director del deporte municipal en San Miguel de Allende, Guanajuato; coordinador regional zona norte en CONGUAJUD; miembro del consejo directivo de la CEDAF; director de capacitación CODE Guanajuato; director de deportes de CODE Guanajuato; director técnico del Club Atlético San Miguel en la Tercera División y presidente de la Asociación Civil Club Atlético San Miguel.

Hernández ha trabajado como director técnico en el fútbol profesional y posee conocimientos en administración de gestión deportiva, así como en normatividad deportiva municipal y estatal. En su juventud, participó como jugador de fútbol en la Olimpiada Nacional y Juvenil (anteriormente conocidos como Juegos Deportivos Escolares de la Revolución), además de jugar en el fútbol profesional en tercera y segunda división, y en la reserva nacional profesional de la Universidad Nacional Autónoma de México.

Además, Romualdo Hernández ha destacado como instructor y conferencista de diversos temas de liderazgo, incluyendo su programa "El Arte de Dirigir" basado en valores y principios.

Cuando no está trabajando o escribiendo, Romualdo disfruta de pasar tiempo con su familia, escuchar audiolibros y leer obras de diferentes autores famosos. También le gusta salir a caminar al campo con sus perros y encontrar inspiración en la naturaleza.

FELICIDADES POR LLEGAR HASTA AQUÍ

Querido lector,

¡Felicidades por llegar hasta aquí! Ha sido un honor compartir contigo este recorrido por *El Decálogo Para Un Líder*. Cada palabra, cada historia y cada principio fueron escritos pensando en ayudarte a alcanzar ese liderazgo auténtico y transformador.

Ahora, me gustaría pedirte un favor que ayudará a otros líderes, emprendedores, y profesionales que, como tú, están buscando su camino hacia el éxito. Si este libro te ha aportado valor, te invito a que dejes un comentario en Amazon. Tu experiencia sincera puede marcar la diferencia para alguien que necesita esa chispa de inspiración o esa guía que tú has encontrado en estas páginas.

Te pido dos cosas simples:

1. **Comparte cómo este libro ha influido en tu vida o en tu liderazgo.** Tal vez fue un valor en particular, una historia que te resonó o una estrategia que implementaste y dio resultados.

2. **Escribe un comentario práctico y honesto,** que pueda orientar a otros lectores a decidir si este decálogo es lo que necesitan para dar el siguiente paso en su propio camino.

Solo escanea el siguiente código con tu celular y déjame tu mensaje.

Me encantará leer tus palabras y saber cómo estos principios han hecho una diferencia en tu vida.

Gracias por permitirme acompañarte en esta aventura de liderazgo. ¡Tu éxito es el verdadero propósito de estas páginas!

Con gratitud,

ROMUALDO HERNÁNDEZ

CONFERENCIA

EL PODER DE LA DISCIPLINA

Descubre cómo la disciplina puede transformar tu vida y liderazgo, el primer y más importante paso en el camino al éxito.

En esta conferencia aprenderás a:

- Establecer hábitos duraderos
- Desarrollar enfoque y constancia
- Superar obstáculos
- Inspirar a tu equipo
- Y mucho más...

LLEVA ESTA CONFERENCIA A TU CIUDAD

+52 415 122 3178

Romualdo Hernández